朱秀婷 · 编著

四川教育出版社

图书在版编目（CIP）数据

正能量的父母话术 / 朱秀婷编著 . — 成都 : 四川教育出版社，2022.9（2023.5 重印）
ISBN 978-7-5408-8363-8

Ⅰ. ①正… Ⅱ. ①朱… Ⅲ. ①家庭教育—语言艺术 Ⅳ. ① G78

中国版本图书馆 CIP 数据核字（2022）第 154392 号

ZHENGNENGLIANG DE FUMU HUASHU

正能量的父母话术

朱秀婷　编著

出 品 人　雷　华
责任编辑　杨　波
责任校对　王　嘉
封面设计　松　雪
出版发行　四川教育出版社
地　　址　四川省成都市锦江区三色路 238 号 1 栋 1 单元
邮政编码　610023
网　　址　www.chuanjiaoshe.com
印　　刷　唐山玺鸣印务有限公司
版　　次　2022 年 9 月第 1 版
印　　次　2023 年 5 月第 3 次印刷
开　　本　880mm × 1230mm　1/32
印　　张　6
书　　号　ISBN 978-7-5408-8363-8
定　　价　36.00 元

前言

Preface

家长苦口婆心地劝导，孩子却置若罔闻；家长费心尽力地提醒，孩子却不理不睬……相信生活中的家长时常会遇到这样的苦恼。“孩子究竟是怎么了？怎么越长大反而越不听话了？”事实上，这也正是困扰千千万万家长的问题。

孩子为何越大越不听话了呢？究其原因，问题并非出在孩子身上，而是出在家长身上。试想一下，如果家长每天对孩子所说的话都让孩子觉得无聊、无趣、无味，孩子会如何反应呢？孩子还有兴趣去探寻是否“有道理”吗？可如果家长每天对孩子所说的话有趣、有礼、有智慧，充满着尊重、理解与正能量，孩子又会如何反应呢？

正所谓“良言一句三冬暖”，在孩子的成长之路上，语言沟通是家长与孩子最重要的交流方式之一。语言沟通的效果会直接影响孩子的生活状态和成长状态，甚至会在一定程度上影响孩子的前途和命运。因此，掌握正能量的话术，是家长们必须予以重视的。

何谓正能量的话术呢？本书从亲子在生活中最容易遇到的典型场景出发，经过深入浅出的细致分析，从具体情况着眼，从正能量的话术、回应的话术、提问的话术、拒绝的话术、赞美的话术、批评的话术等方面，总结出极具针对性的话术建议。同时，为方便家长易于掌握正能量的话术和与孩子沟通、相处的艺术，针对孩子的心理特点与思维方式，本书专门从正反两方面列举了典型的正能量话术表达和无效沟通方式，旨在让家长能够更深刻地体会到正能量的话术的精髓，更方便地掌握正能量的话术。

高效沟通，从正能量的话术开始。

2022 年 6 月

目录

contents

第一章

正能量的话术：父母这样说，孩子才爱听

第二章

回应的话术：巧妙回应，安抚孩子的情绪

第三章

提问的话术：用问题打开孩子的世界

第四章

拒绝的话术：温柔而坚定地说不

第五章

赞美的话术：帮助孩子发现优秀的自己

第六章

批评的话术：不急不吼的正面管教

要真正与孩子形成

良性沟通

需要采取有效的正能量的话术

第一章

正能量的话术：父母这样说，孩子才爱听

01

相信你已经知道该怎么做了

用温声细语代替大声斥责

情景再现

刚收拾好的客厅，转眼间又变得一片狼藉；早上叫孩子起床上学，眼看要迟到了，可孩子就是不紧不慢、磨磨蹭蹭的；老师又打来电话，说孩子课间打闹推倒了同学，同学的脑袋摔了个大包……

顽皮淘气是孩子的天性，是孩子再正常不过的特征。俗话说：“淘气的男孩是好的，淘气的女孩是巧的。”孩子的童真与童趣乃至好奇心与创造力往往正是隐藏在一次次的调皮捣蛋和一次次的“闯祸”中。

可是面对孩子带来的这一系列的“兵荒马乱”，有的家长情急之下情绪失控，口不择言，对孩子大声斥责，想要以此尽快纠正孩子的错误行为，可结果却往往事与愿违。

家长急躁情绪下的大呼小叫对孩子的教育起不到任何积极作用，只会对孩子造成深深的伤害。这不仅会对孩子的情感和心理造成不良刺激，还会降低孩子对自己的认同，让孩子变得自卑、怯懦，甚至会引起孩子的反抗和敌对情绪，最终对孩子的成长造成很多负面影响。

家长要真正与孩子形成良性沟通，需要采用行之有效的正能量的话术。面对前一页画中的情景，家长一定要控制好自己的情绪，用温声细语代替大声斥责，效果要好得多。

话术建议

用温和的语气指出孩子犯的错误

错误表达

告诉你多少遍了，我下班回来之前你要练完琴。你是没长记性还是故意和我作对！

恶果：孩子对练琴产生反感，对家长产生对抗情绪。

正能量的话术

晶晶，你今天又忘记在妈妈回来之前练完琴了，妈妈还想着你要是练完了的话，我们可以去小区的游乐场玩一会儿。

效果：孩子会意识到自己没有按照妈妈的规定练完琴是不对的，并且下次会很有动力按照妈妈的要求去做。

孩子没有按时完成学习任务，家长必须明确指出，但是语气要温和，要在指出错误的同时，让孩子欣然接受并有主动改正错误的动力，而不是通过否定和斥责让孩子充满对抗情绪。

话术建议

明确告诉孩子他究竟错在哪里

错误表达

天天为你操碎了心，就不能让大人省点心吗！

恶果：孩子不明所以，根本不知道自己错在哪里，更谈不上改正。

正能量的话术

妈妈认为你已经长大了，很多事情可以自己做，不用妈妈代劳了，比如今晚你可以自己收拾书包，定好闹钟，明早自己起床。

效果：孩子明确地知道了自己让妈妈操心的地方包括但不限于收拾书包、自己定闹钟起床，这样孩子很容易知道从何入手来改进，做到让家长少操心。

如果家长只是没头没脑地唠叨一番，只能把负能量和坏情绪传递给孩子，孩子却一头雾水，根本不知道家长的指责从何而来，更不知道自己到底应该做些什么才是对的。

话术建议

温柔而坚定地告诉孩子如何改正

错误表达

你是不是就想做个坏孩子？我对你真是失望透顶。

恶果：对孩子进行了全盘否定，严重打击了孩子的自尊心，但并没有告诉孩子该怎样改正才是好孩子。

正能量的话术

你今天打破同学的头，真的是大错特错，不过只要你今后不再用暴力解决问题，与同学友好相处，你就还是好孩子。

效果：让孩子具体明确地知道了怎么做是对的，怎么做是错的，温柔而坚定的态度让孩子既有决心改正错误，又知道怎样改正错误。

态度要温和，但立场要坚定。在是非面前家长一定要严守底线，立场鲜明，但是也要讲究方式方法，以温和的引导代替粗暴的说教。

总 结

典型的无效沟通特征	家长情绪激动，言辞激烈，但没有把孩子究竟错在哪里、如何改正说清楚。
正能量的父母话术特征	家长态度明确，但言语平和，用温声细语代替大声斥责，以孩子更容易接受的态度和语气告诉孩子错在哪里，以及如何改正。

02

好好聊聊怎么样

用愉快交流代替说教命令

情景再现

心声解读

随着孩子慢慢长大，很多家长开始抱怨孩子不再像以前那样很愿意和父母聊天了，甚至有的孩子只要一回家就把自己关在房间里，根本不愿意与父母交流，对此，家长既困惑又着急。

家长之所以困惑，是因为想不通孩子为什么不喜欢与父母沟通；之所以着急，是因为孩子拒绝交流，这样家长便失去了了解孩子内心世界的窗口和途径，又何谈对孩子进行教育呢？

其实，出现这种情况，家长们不妨先问自己两个问题。

首先，自己是否有意识地去寻找孩子感兴趣的话题？很多家长根本不关注孩子的兴趣点，也没有耐心去了解孩子的世界，甚至有的家长在孩子向自己说一些有趣的事情时，动辄否定、批评甚至呵斥，在此情况下孩子自然拒绝交流。

其次，自己是否以平等的姿态和孩子交流？很多家长只要一开口，不是否定孩子的想法、做法，就是急于指出孩子的不足。要知道孩子的世界与成人几乎有着天壤之别，孩子的关注点和思维方式乃至价值评判也会与大人有很大不同，此时的父母不能简单以成年人的逻辑去规范孩子的想法和言行，否则孩子将自动关闭与家长交流的大门。

话术建议

寻找孩子感兴趣的话题

错误表达

又在玩游戏！天天就知道拿个手机玩游戏，眼睛还要不要了？作业都写完啦？

恶果：不分青红皂白地斥责会瞬间让孩子产生逆反心理。孩子会拒绝交谈，我行我素。

正能量的话术

在玩什么游戏呢？你们班同学都喜欢玩吗？谁打得最好？

效果：虽然知道孩子玩游戏不好，但讲究策略，先从孩子感兴趣的点引入话题，使聊天能够继续，才有可能实现后续的引导教育。

寻找孩子感兴趣的话题，是聊天得以开始和继续的前提，也是亲子之间开展交流、建立信任必不可少的条件之一。愉快的聊天能够让孩子敞开心扉，家长也更容易实现教育的目的。

话术建议

以平等的姿态与孩子聊天

错误表达

不听老人言，吃亏在眼前，小孩子哪有不听大人话的？那能是好孩子吗？

恶果：高高在上的说教、不平等的交流方式，不仅会让孩子觉得毫无道理，还会让孩子倍感压抑。

正能量的话术

我猜你这么做一定有自己的想法，能和妈妈说说你是怎么想的吗？

效果：这种平等的交流方式会让孩子感到获得了尊重，更愿意打开话匣子，完整、真实地表达自己的观点。

愉快的沟通总是建立在平等的基础之上，与孩子之间的交流更是如此。如果家长总是板起一副面孔，不是批评就是说教，不是否定就是打击，那孩子是不可能愿意与家长进行交流的。

话术建议

聊天要讲究沟通技巧

错误表达

你这孩子，回家就把自己关在屋子里，也不把学校的事情跟妈妈讲讲。

恶果：这种表达方式不仅过于直接，而且充满否定色彩，通过指责的方式强迫孩子交流，只会事倍功半。

正能量的话术

看你兴高采烈的样子，是不是学校发生了什么好玩的事？快给妈妈讲讲，让妈妈也开心开心。

效果：从观察孩子的情绪入手，抓住时机引出话题，充分调动起孩子想要聊天的兴趣，很可能让孩子滔滔不绝。

家长的情绪、态度、肢体语言，都会在交流之中被孩子感知到。如果家长传递出的信息是易于被孩子接受的，孩子便会更愿意与家长聊天。

总 结

典型的无效沟通特征

家长找不到孩子的兴趣点，言辞生硬，不能以平等的姿态与孩子聊天，不是批评指责就是说教命令，不讲究聊天技巧，使聊天无法开始或达不到预期的交流效果。

正能量的父母话术特征

家长能够从孩子感兴趣的话题入手，激起孩子交流的欲望，以平等的姿态面对孩子，建立愉悦的聊天氛围，润物细无声地用正确的世界观、人生观和价值观影响孩子，在建立良好的亲子关系的同时，实现教育的目的。

这样做会不会更好一些

用积极引导代替批评呵斥

03

心声解读

孩子没有完成作业，在家长群里被老师点名批评；孩子放学回来，把鞋子丢得东一只、西一只，匆匆忙忙扔下书包，不是喊饿就是说要先玩一会儿游戏；晚上让孩子赶紧上床睡觉，可孩子不是磨磨蹭蹭讲条件，就是闹着要再玩一会儿，到了早上眼看着上学就要迟到了，又怎么叫都不起床……

面对孩子们的种种表现，很多家长都时常被气到抓狂，忍不住对孩子的行为进行严厉的批评与制止，想要迅速对孩子的这些不良行为予以纠正。可是令家长更加困惑的是，自己的批评不可谓不及时，态度不可谓不严厉，为什么取得的效果却并不好，孩子依旧我行我素呢？

出现以上情况的原因是家长在孩子犯错误时，总是以批评、指责、呵斥的方式想着能够及时制止孩子，而没有注重对孩子进行积极引导，没有把重心放在告诉孩子该怎么改正、怎么做上。这样的结果就是孩子虽然知道自己的行为是不对的，这样做会遭到批评，但是却又不知道怎样改正，不知道怎样做是对的。因此就会故态复萌，成为家长口中“屡教不改”“不长记性”的孩子。

其实，只要家长在想批评孩子时，注意引导先行，就可以在很大程度上改变这种局面，取得良好的教育效果。

话术建议

给孩子解释犯错原因的机会

错误表达

又在家长群里被老师公开点名！你不用再千方百计找理由了，你再这样我也不管你了！

恶果：在不给孩子任何解释机会的情况下，不仅对孩子严厉批评，还表现出对孩子的失望，让孩子觉得委屈。

正能量的话术

今天为什么犯错呢？先跟妈妈说说原因吧！妈妈想听听你的解释。

效果：不急于批评、指责，而是给孩子解释的机会，这样才能找到问题的症结所在，有利于真正解决问题。

面对孩子所犯的错误，急躁、易怒、批评、呵斥是最不可取的，因为家长这样做很可能会掩盖问题的真相。是真的事出有因，还是孩子遇到了什么困难，或是孩子不能规范好自己的行为，需要父母提供哪些帮助，这些都需要在孩子的解释中找到答案。

话术建议

明确地引导孩子应该怎样去做

错误表达

跟你说了多少次了？真是屡教不改，以后你自己看着办吧！该怎么做你知道！

恶果：孩子被家长批评后除了收获沮丧的情绪，并不会有其他收获，也不知怎样改正。

正能量的话术

妈妈觉得你今天对琪琪的态度不太友好，琪琪都气哭了，要是你真诚地送给琪琪一个小礼物并道歉，琪琪会不会与你重归于好？

效果：在孩子已经为自己的错误感到后悔但却茫然无措时，给予孩子明确的建议和引导，鼓励孩子及时改正自己的行为，让孩子能认识到自己的错误并勇于改正。

家长的“暴风骤雨”不能只是吹落树枝，还要让这棵“小树”学会怎样发出新枝。家长要做的就是态度温和地进行积极、正面的引导。

话术建议

家长的语气一定要平静且温和

错误表达

房间里太乱了，这么大了也不知道收拾，我每天这么忙，你却处处让我操心！

恶果：将孩子裹挟进了一种由于家长自身焦虑带来的坏情绪中，带给孩子一定的心理负担，但又没有让孩子产生想要改正的动力。

正能量的话术

妈妈今天实在是太忙了，要向你请求支援，你帮妈妈先把地板擦了好不好？

效果：家长温和、平等的姿态会让孩子非常乐于完成妈妈提出的要求，同时家长布置任务具体明确，孩子也易于完成且乐于完成。

态度温和、指向明确的引导，才能将孩子引入正途，在要求孩子不能做什么、应该做什么时，如果能够采取正面的态度和积极的语言方式，效果会比批评、呵斥好得多。

总 结

典型的无效沟通特征	态度消极，语气严厉，充满否定，且批评指责之后缺乏积极有效的引导，这样的批评起不到正面积极的作用。
正能量的父母话术特征	给孩子解释的机会，了解错误发生的原因。批评时点到为止，让孩子充分认识到错误却又不至于伤害其自尊心。将重心放在提出有效建议和积极引导上，鼓励孩子改正错误。

说出你的心事好吗

用耐心倾听代替生硬询问

04

情景再现

心声解读

随着孩子慢慢长大，很多家长会遇到这样的问题：为什么孩子看上去心事重重，却把自己关在房间里，不愿意和家长交流？为什么有的时候，孩子会有一些看上去让人难以理解的行为？在这些情况下，如果父母生硬询问或者只顾说教，不懂倾听，就没有办法真正走进孩子的内心世界，也就无法弄清孩子的真正情绪和真实想法。

父母只有懂得倾听，才能得到孩子的信任，才能更好地理解孩子，才能收获高质量的亲子关系，从而更精准、更高效地解决教育中的问题，及时地将孩子向积极的方面引导，让孩子身心健康地成长。

会倾听的父母，懂得在日常生活中与孩子平等相处，细心、耐心地倾听孩子的心声，这样孩子就会感觉到自己在家庭中被尊重、被理解、被关注，孩子就会有倾诉的欲望，同时也会修正自己的行为，使自己变得更加优秀。

如果父母习惯于生硬询问和高高在上的说教，会让孩子失去想要说出心里话的愿望和勇气，久而久之孩子就会习惯于把心事深埋，默默消化。如此一来，父母了解不到孩子的真实想法，自然很难开展有效的教育引导；而孩子也会觉得得不到父母的理解、肯定、支持与爱，便更容易出现各种问题。

话术建议

倾听要用平等、真诚的态度

错误表达

这孩子就像个闷葫芦一样，什么都不跟我说，有什么话你倒是说出来呀！

恶果：先是对孩子进行否定、指责，进而又强迫孩子说给自己听，让孩子觉得亲子之间的关系不平等，自己也不被尊重。

正能量的话术

有心事的话和妈妈讲讲好吗？也许妈妈能够帮助你排忧解难呢！

效果：倾听建立在了平等、友好、真诚的态度之上，温和的态度和平静的语气能够给予孩子安慰和鼓励。

倾听不是简单的“听到”，只有以平等、真诚的态度，抱有同理心和认同感的倾听，才是真正的倾听。

话术建议

不要带着自己的评判和偏见来倾听

错误表达

你怎么会有这种想法？你这么想根本就不对！

恶果：简单地对孩子的想法进行否定，让孩子觉得不被理解，不被认同，甚至不被尊重，使孩子失去想要倾诉、交流的意愿。

正能量的话术

妈妈理解你的想法，也能体会你现在的心情。

效果：在交流的过程中，孩子觉得是在平等的状态下被理解、被认同、被尊重，会更愿意与家长进行更深层次的交流。

倾听要以帮助孩子释放压力、分享快乐，促进亲子之间的沟通，了解孩子的内心世界为目的，不能功利地将其作为开展教育的途径，更不要边听边评判，边听边教育。

话术建议

注意替孩子保密

错误表达

不就是把球投到自己队的篮筐里了嘛，有什么不让说的。

恶果：不能体会孩子的自尊心和面对困难时的挫败感，对孩子的想法不能感同身受，用成人的思维方式和语言方式对待孩子。

正能量的话术

妈妈知道你是信任妈妈才告诉妈妈这件事的，我一定会替你保守秘密。

效果：对于孩子的一些隐私和不想为外人所知的事情，家长在倾听后帮助孩子保守秘密，会深得孩子的信任。

再小的孩子也有自己的隐私和很强的自尊心，家长一定要做到在倾听孩子的想法之后尊重孩子的意见。对孩子需要家长帮助保密的事情家长一定不能四处宣扬，否则会失去孩子的信任，还会让孩子感到害羞或沮丧。

总 结

典型的无效沟通特征

不善于倾听，生硬询问，随意评判，以一种居高临下的态度听孩子“汇报”，经常会让孩子的倾诉戛然而止，还会导致孩子不愿再开口。

正能量的父母话术特征

以平等的心态和真诚的态度赢取孩子的信任，让孩子自然而然地愿意交流。在倾听的过程中要满怀爱意，充满亲和力，不随意否定，对孩子抱有充分的理解与宽容。

05

这件事让咱们一起商量一下

用平等协商代替强制命令

情景再现

心声解读

随着年龄的增长，孩子对父母在衣食住行方面的依赖逐渐减弱，独立思考的能力不断增强，因此会在很多方面与父母的看法产生分歧，比如对待事物的看法、喜好、兴趣、审美观念等。但当孩子的想法与父母存在较大分歧时，父母一定不能用压制、命令的方式去试图统一意见，而是要多与孩子平等协商。

根据马斯洛的需求层次理论，受尊重的需求是人类较高层次的需求，如果这种需求不能够得到满足，就会让人产生沮丧、失落等负面情绪。人与人之间的平等协商非常重要，对于孩子更是如此，因为孩子往往比大人更有受到尊重的需求。如果父母遇到事情愿意与孩子商量，孩子就会很愿意积极地与父母交流，反之，孩子对于家长的强制命令则会产生很强的逆反心理，让他往东他偏向西，专门与父母对着干。

学会与孩子商量，既可以增进亲子之间的相互理解，又可以避免亲子之间发生无谓的冲突。当对孩子提出的要求，家长不能或不应满足时，不应简单粗暴地拒绝；当对孩子的一些行为家长并不认同时，不能简单地制止和压制；当孩子的意见与家长相左时，也不能以下达命令的方式让孩子必须无条件服从家长的意见。

面对问题与分歧时，家长只有在充分尊重孩子的前提下，通过商量的方式，与孩子形成共识，才能让孩子开心地配合家长的教育行为。

话术建议

多一些商量，少一些命令

错误表达

赶紧吃饭，不要讲话，吃完饭抓紧写作业，不要磨磨蹭蹭的！

恶果：一连串的命令，使吃饭、写作业都变成了令人不愉快的事，让孩子非常反感。

正能量的话术

咱们今天抓紧一点儿，早点儿写完作业，然后去公园玩一会儿怎么样？

效果：愉悦的态度、商量的口吻，会让孩子易于接受；早点写完作业出去玩的承诺，又让孩子受到鼓舞，孩子会心情愉悦地配合家长的要求。

同样一件事，家长如果采取命令的态度，孩子就会非常反感抗拒，还会充满心理压力，而家长如果采取商量的态度，孩子就会欣然接受，并且乐于按照家长的意见去完成。

话术建议

孩子的事情一定要听取孩子的想法

错误表达

你就适合弹钢琴，根本不适合吹长笛，这件事就这么定了！

恶果：孩子的事情不听取孩子的意见，家长盲目强势地帮孩子做决定，只会造成孩子的反感，还会让孩子感到痛苦。

正能量的话术

今年的夏令营你想去哪里呢？妈妈想听听你的意见再帮你选择。

效果：孩子觉得自己得到了充分的尊重，会更认真地对待夏令营活动。孩子从自己的意愿出发也会有更大的收获。

强扭的瓜不甜，家长如果以自己的经验和价值评判来替孩子做决定，再命令孩子必须照做，如果孩子反抗则强行压制，就会使亲子关系变得非常紧张，影响孩子的成长。

话术建议

以商量的口吻消除分歧，解决冲突

错误表达

你一个小孩子能有什么成熟的想法？就应该听大人的，爸妈都是为了你好！

恶果：在孩子与家长的想法出现分歧时，以强迫的口吻要求孩子必须听家长的，而且不解释清楚原因，这样孩子是不可能认同并积极配合的。

正能量的话术

如果你今天特别想去游泳，妈妈答应你，但你先把作业做完好吗？

效果：用商量的口吻消除分歧，用协商的态度争取共识，孩子既写完了作业，又去游泳了，亲子双方都实现了各自的诉求。

严肃命令和强行压制只能让孩子在不情愿的状态下一时服从于父母的想法和决定，却不可能作为长久解决问题的方式和手段。要想避免亲子间的冲突，一定要在平等协商的状态下充分商量，才能真正达成共识。

总 结

典型的无效沟通特征	高高在上，自作主张，不尊重孩子的想法和意见，以爱之名替孩子做决定，命令孩子做事，压制孩子的反抗。
正能量的父母话术特征	尊重孩子，与孩子平等协商，亲子间意见不同时充分听取孩子的想法和意见，以商量的方式得出结论或做出决定。

看见就是爱

回应即疗愈

父母的回应决定孩子的未来

第二章

回应的话术：巧妙回应，安抚孩子的情绪

01

结果真的不重要

细心安慰，缓解孩子的焦虑

情景再现

心声解读

明天期末考试，原本“没心没肺”的孩子今天却显得有些无精打采，连对最爱吃的炸鸡腿也似乎没有胃口；明天就要演讲比赛了，早就已经将演讲稿背得滚瓜烂熟的孩子，今天却总是忘词儿……如果家长足够细心就会发现，在孩子的成长之路上，焦虑这一情绪如影随形，时常伴随着孩子。

随着孩子年龄的增长和自尊心的增强，孩子的自我意识也在不断发展，同时，会更在意别人对自己的评价与看法。这时，对于即将到来的挑战，孩子往往由于过于在意结果，过分放大家长、老师、同学对自己的评价而被焦虑的情绪所困扰。

紧张是人类的一种正常情绪，可当紧张发展成焦虑，对人而言就有百害而无一利了。焦虑会使人心情紧张、精神萎靡、难以集中精力，甚至还会带来一些生理上的反应，比如失眠等。孩子一旦焦虑，就很难发挥出自己的正常水平，这会对孩子造成一定的打击，进而下次更加惧怕失败，更加焦虑，从而形成恶性循环。因此，当孩子被焦虑的情绪所困扰时，家长一定要对孩子进行恰当的引导，找到孩子焦虑的原因，并争取通过有效的方式缓解孩子的焦虑。

话术建议

对孩子的焦虑情绪表示充分的理解和接纳

错误表达

还没上战场就先发愁了，我看你这孩子也没多大出息。

恶果：否定孩子，对于本就处于焦虑中的孩子而言，无异于落井下石。这样的表达只会让孩子更深地陷于焦虑之中，不可自拔。

正能量的话术

学了这么久的钢琴，明天就要考级了，心情肯定会有些紧张。

效果：孩子会觉得父母能理解自己的感受，同时是和自己并肩作战的，孩子会因此找到释放压力的出口，焦虑随之有所缓解。

无论孩子的焦虑情绪是因何产生的，在家长的眼中是否有必要，是否值得，家长都要抱有一种理解和接纳的态度。因为只有设身处地地为孩子着想，才是缓解孩子焦虑情绪的前提。

话术建议

寻找导致孩子焦虑的原因

错误表达

你这孩子就是心事重，每天皱着个小眉头也不知道在想些什么，我就纳闷了，一个孩子哪来那么多烦恼呢？

恶果：孩子不被理解的同时又被否定。这样会让孩子处于孤独的精神世界之中，孩子很可能会由此形成内向、封闭的性格。

正能量的话术

今天怎么都没出去和小伙伴一起骑自行车？是不是有什么心事？能跟妈妈说说吗？

效果：妈妈细心、及时地关注到孩子情绪的异常，让孩子觉得自己被重视、被关心，继而会产生对妈妈的信赖感，会很容易告诉妈妈自己焦虑的原因。

很多家长看出了孩子的焦虑，但是却没有兴趣或者不愿意深究孩子产生焦虑的深层原因，总认为小孩子能有什么大不了的事情。殊不知，如果不能帮助孩子从根源上解决问题，简单的几句安慰是不可能缓解孩子的焦虑情绪的。

话术建议

对症下药，才能缓解孩子的焦虑

错误表达

不要担心啦，担心也没用，明天好好表现比什么都强。

恶果：看似安慰，实则无效，进一步将孩子的注意力放在“明天好好表现”上，容易加重孩子的焦虑感。

正能量的话术

没关系，咱们把要考的曲子再练习一遍，明天正常发挥就好。

效果：对症下药，针对性强，最后一遍的练习属于“心理练习”，加之明天只需“正常发挥”，而不必“超常发挥”，孩子的心理压力能因此得到一定程度的缓解。

在充分理解孩子的焦虑并找到了孩子焦虑的原因后，最重要的是采取切实有效的方法帮助孩子缓解焦虑。正所谓“心病还须心药医”，家长只有切中问题的实质和要害，对症下药，才能使孩子的焦虑情绪真正得到缓解。

总结

典型的无效沟通特征

要么刻意忽略、回避或制止孩子的焦虑；要么泛泛安慰，不寻根究底，不探求孩子产生焦虑的原因；要么安慰不够耐心细致，引导不当，无法将孩子的注意力进行有效转移。

正能量的父母话术特征

对孩子的焦虑情绪充分接纳并认可，寻找产生焦虑的原因，有的放矢，细心安慰，正确引导，让孩子的注意力从过分注重结果向充分享受过程转移。

02

你也许有自己的理由，可以说说吗

用平心静气化解孩子的叛逆

情景再现

心声解读

“这孩子现在也不知道怎么了，像是变了一个人一样，处处和我作对，小时候的他多么听话呀……”遇到孩子有叛逆行为，特别是当孩子进入叛逆期时，相信这样的话很多家长都说过。

孩子叛逆期的到来，给很多没有做好充分准备的家长来了个措手不及。面对孩子的叛逆行为，很多家长都束手无策，不是大呼小叫地呵斥孩子，就是对孩子严加管束，这样做的结果显然很糟糕，要么是每天争吵不断，亲子关系异常紧张，要么是孩子彻底躲进自己的天地，无论大人说什么都置若罔闻，完全不与大人交流。

从嗷嗷待哺的婴儿成长为一个具有独立自主能力的成年人，过程中要经历几个叛逆期，而以青春叛逆期的叛逆特征最为明显。处于叛逆期的孩子就像是一个皮球，越是用力地“拍打”它，它反弹得越厉害。因此，面对孩子的叛逆行为，一定不要压制，而要平心静气地耐心疏导、化解。对于家长来说，最重要的就是要控制好自己的情绪，不要一看到孩子叛逆便怒不可遏，继而怒发冲冠。对待孩子要抱有理解、尊重的态度，这样才能在叛逆期实现亲子间的高效沟通，使亲子关系越来越融洽。

话术建议

心平气和地与孩子进行沟通交流

错误表达

我告诉你多少遍了，不能与大人顶嘴？可是你还和妈妈顶嘴！你就这么不尊重长辈吗？

恶果：针尖对麦芒般的“硬碰硬”，只会让孩子认为父母是自己的“对立面”，孩子的叛逆行为会进一步激怒家长。

正能量的话术

你有自己的意见完全可以对爸爸妈妈表达，我们不论身份论真理，不过要注意态度和语气哟。

效果：充分的尊重和平等的姿态，会化解孩子的叛逆情绪；尊重真理的态度，会让孩子失去叛逆的理由，利于孩子以正确的态度表达观点。

叛逆行为是由叛逆情绪引起的，而叛逆情绪往往又是由家长失控的情绪一步一步诱导出来的。如果家长能够从自身做起，真正做到平心静气，那么孩子便少了很多产生叛逆情绪的理由，叛逆行为自然也就少了。

话术建议

尊重孩子的想法，征求孩子的意见

错误表达

徐教练比张教练教得好多了，我给你联系了徐教练，明天开始你就跟着他好好练。

恶果：在丝毫不征求孩子意见的情况下自作主张，不让孩子做好充分准备便强行为其更换了教练，很可能激起孩子的叛逆情绪。

正能量的话术

这个假期咱们怎么安排呢？琪琪你有什么想法？和爸爸妈妈说说。

效果：充分征求孩子的意见，使孩子的想法得到充分表达后，即使最后的讨论结果并不是孩子自己提出的，孩子也更容易接受。

即使是很小的孩子，也有自己的想法和主张，不喜欢对大人言听计从，更何况是大孩子呢？人与人之间需要互相尊重，对于孩子来说也不例外，凡事有商量，孩子的叛逆情绪便会失去滋生的土壤。

话术建议

疏导孩子的叛逆情绪

错误表达

不用你和我犟嘴，我看这事到底是你说了算，还是我说了算！

恶果：完全对立的姿态，火上浇油般的交谈方式，将孩子的叛逆情绪推到了顶点。

正能量的话术

不要着急，心平气和地和妈妈讲讲你的想法，妈妈会理解你的。

效果：用自己的情绪带动孩子的情绪，对孩子已经产生的焦虑情绪用平和的方式进行疏导，会让孩子逐渐趋于平静，减少对抗心理。

孩子的叛逆情绪就像是汹涌而至的洪水，宜疏不宜堵，只有将孩子的叛逆情绪通过情绪带动和有效引导释放掉，才能真正有效地从心理层面解决孩子叛逆的问题。

总 结

典型的无效沟通特征

无法控制自己的情绪，面对孩子的叛逆行为怒不可遏，粗暴批评。不懂得沟通技巧，口不择言，表达出否定、反对、失望等态度，使孩子愈加叛逆。

正能量的父母话术特征

理性看待孩子的叛逆行为，听取孩子的想法，心平气和地征求孩子的意见，疏导孩子的情绪，化解孩子的叛逆。

听上去真让人难过

用理解共情消除孩子的委屈

03

情景再现

就因为她在第一棒摔倒了，我们才没取得名次的。

②

我不是故意的，我也不想摔倒……

妈妈知道不是你的错，你已经尽力了，这只是意外。

③

心声解读

踢球的时候与同学发生了冲突，明明不是自己先动手的，可老师却批评了自己；代表班级参加演讲比赛，因为发烧导致发挥失常，同学们很是失望；邻居的阿姨来告状，说有人看到自己撞倒了她的孩子却没有扶起来，不管不顾地走了……这些事情可能放在大人眼里是不值一提的小事，可是对于心理尚未完全成熟的孩子来说，每一件事都可能让孩子陷入深深的委屈之中。

孩子的成长之路不可能总是一马平川，总会遇到一些小的困难，委屈便是其中之一。其实，适当遭受一些委屈，让孩子经历一些误解与不如意，对孩子的成长而言也并非完全没有好处，但是如果这种委屈超过了一定的限度，便会对孩子的心理造成一定的伤害。

当孩子深深陷入委屈之中时，作为家长，要引导孩子将心里的委屈说出来，及时了解清楚事情的来龙去脉，采取一定的干预措施消除负面心理对孩子造成的影响，并且还要及时关注孩子在心理和情绪方面的变化，用理解与共情给予孩子安慰，帮助孩子排解委屈，避免伤害，同时还要为孩子讲清道理，给予孩子勇气与力量，让孩子在委屈中锻炼承受力，磨炼意志力。

话术建议

引导孩子说出事实真相

错误表达

是谁欺负你了？赶紧告诉我！我去找他的家长！

恶果：孩子被家长的态度吓得噤若寒蝉，根本不敢将完整的事实真相告诉家长。家长这样做看似为孩子撑腰，实则让孩子将委屈压在了心底。

正能量的话术

有什么委屈可以先和爸爸妈妈说说，然后咱们再一起商量妥善解决的方式好吗？相信爸爸妈妈一定能帮到你。

效果：心平气和的交谈与沟通能够引导孩子说出事实真相，父母的态度能够让孩子感受到温暖、信任与依靠。

要想消除孩子的委屈，就一定要及时发现孩子的委屈。有些孩子由于各种原因并不敢或者不愿意把自己遭受的委屈告诉家长，这时家长就要注意说话的方式方法，引导并鼓励孩子讲出事实真相。

话术建议

对孩子表示充分的理解与共情

错误表达

同学们为什么都不理你？应该从你自己身上找原因。他们怎么光针对你，不针对别人呢？

恶果：孩子被孤立，家长却反过来质问孩子，不分青红皂白就认定自己的孩子有问题，这种对孩子的质问代表着否定，对孩子伤害极大。

正能量的话术

这件事老师也许是误解了你，误解一定会解开的。谁遇到这样的事都会觉得有些委屈，妈妈理解你。

效果：能够体会并理解孩子的委屈，这样会让孩子觉得自己被认同、被体谅，继而从委屈的情绪中走出来，转而寻求解决问题的办法。

在孩子觉得委屈时，家长要对孩子抱有理解与同情的态度，而不是漠不关心或是对孩子进行质问指责。在孩子情绪比较激动时，要先给予孩子必要的安抚，待孩子情绪稳定后再解决问题。

话术建议

给予孩子勇气与力量

错误表达

你要是平时不调皮，大家也不会怀疑是你干的！

恶果：孩子本就蒙受了不白之冤，又被家长否定，家长还拉着所谓的“大家”一起否定孩子，足以让孩子失去信心。

正能量的话术

有的时候误解是在所难免的，但真相终究会浮出水面，妈妈相信你经受了这次委屈会更快成长。

效果：在讲清道理的同时给予孩子勇气，在安慰孩子的同时给予孩子力量。

家长不仅要理解孩子的委屈，还要让孩子具有战胜委屈的勇气；不仅要排解孩子的不良情绪，更重要的是引导孩子勇于面对困难，解决问题。

总 结

典型的无效沟通特征

态度或是粗暴，或是冷漠，缺乏共情能力，甚至质问、指责孩子，最终还把问题的根源归结到孩子身上，使孩子的身心受到二次伤害。

正能量的父母话术特征

共情能力强，尊重并理解孩子，用平静温和的态度引导孩子倾诉心声，再进行合理安抚。在孩子情绪稳定后，再有针对性地帮助孩子解决问题，并给予孩子战胜负面情绪的信心和勇气。

我们不妨换一种态度看待这件事

用积极乐观扫除孩子的悲观

04

情景再现

心声解读

距离考试还有半个月，孩子就愁眉苦脸地担心考试失利了怎么办；学校运动会还没有开始，孩子就担心万一跑个倒数第一该有多没面子……遇到这种情况，便是孩子产生了悲观的情绪。

悲观情绪对孩子的心理健康和性格养成都有一定程度的不良影响，容易让孩子心理负担过重，性格孤僻内向，甚至容易诱发抑郁情绪等。

孩子一旦出现悲观情绪，家长一定要足够重视，要注意疏导孩子的悲观情绪，同时培养孩子积极乐观的生活态度。乐观的孩子往往更加开朗、豁达，性格也更趋于外向，在今后的成长过程中也更容易收获成功。当孩子学会用积极乐观的态度来面对生活时，孩子的未来便会充满灿烂的阳光。

要想让孩子拥有积极乐观的生活态度，家长必须以身作则，自己也要用积极乐观的态度面对人生。同时，父母要做孩子的情感导师和情绪导师，应当指导孩子学会自我调节情绪，让悲观情绪、负面情绪和心理障碍及时得到化解。家长既要善于倾听，又要引导孩子诉说，让孩子习惯将情绪通过合理途径发泄出来，而不是压抑着。此外，家长还要注意不要随意否定、批评和指责孩子，这样不利于孩子乐观性格的养成。

话术建议

帮助孩子战胜悲观心理

错误表达

你胆子那么小，又从小就怕水，怎么可能学会游泳呢！

恶果：还没开始学习游泳，家长就为孩子找了一系列不会成功的理由，引发了孩子对学习游泳的悲观情绪。

正能量的话术

虽然你小时候胆子小，但是你现在胆子大了呀！而且你平衡性那么好，又那么热爱单板滑雪，我相信你一定能学好！

效果：以积极乐观的态度鼓励孩子，而且并不是随口鼓励，而是认真分析了各方面因素，最终得出了结论，孩子会因此信心倍增。

孩子一旦形成悲观心理，就会失去信心并且给自己强烈的负面心理暗示。这种情况下孩子要想做成一件事情是难上加难的，因此家长一定要注意调节孩子的悲观情绪，多鼓励，多支持，争取让孩子战胜悲观心理。

话术建议

引导孩子以乐观的态度面对生活

错误表达

钢琴就别学了，我看你也没有什么音乐细胞，以后也成不了钢琴家。

恶果：家长仅凭自己并不专业的判断，就用悲观情绪将孩子的艺术之路斩断，还将这种悲观传递给孩子，对孩子直接造成负面影响。

正能量的话术

谁天生就是画家呀？都是通过后天勤学苦练才实现梦想的，妈妈相信你经过努力也一定能行！

效果：教会了孩子从积极的视角看待问题，以乐观的态度思考问题。孩子得到了正向鼓励，会产生强烈的自信，更容易坚持下去并获得成功。

孩子可能并非天性乐观，但是家长却可以把孩子向乐观开朗的方向引导。如果家长能够以身作则，再积极带动和影响孩子，相信也会让孩子有着乐观的生活态度。

话术建议

帮助孩子认识自己，建立自信

错误表达

你从小体质就弱，参加运动会也从来就没取得过名次，还想参加什么马拉松啊！

恶果：从历史到现实对孩子予以全方位的否定，导致孩子失去自信，丧失挑战自我的勇气。

正能量的话术

这次数学竞赛虽然高手如林，但你数学成绩一直拔尖，再经过这次暑期训练营的强化训练，我相信你一定会有出色的表现。

效果：帮助孩子认识对手、认识自己。客观公正的分析与评价，让孩子对自己有了正确的认知和定位，并给予孩子信心，孩子会以更加乐观的态度面对竞赛的挑战。

自信心和心理暗示能够给予人巨大的力量。有着同样实力的选手参加比赛，如果一个选手悲观消极，而另一个选手积极乐观，也许两者会取得相差悬殊的比赛结果。因此家长要想让孩子积极乐观，就必须让孩子有一个明确的自我认知，帮助孩子获得信心与勇气。

总 结

典型的无效沟通特征	面对孩子的悲观情绪束手无策，甚至将自己的悲观情绪传递给孩子，使孩子缺乏自我认知，没有正确的自我评价，缺乏自信，悲观失望。同时也没有行之有效的手段引导孩子走向积极乐观。
正能量的父母话术特征	以正能量的话术扫除孩子的悲观情绪，引导孩子确立积极、乐观、向上的生活态度，帮助孩子树立信心，进行正确的自我认知，从积极方面看待问题。

用爱提问

用心陪伴

用问题读懂孩子的心

第三章

提问的话术：用问题打开孩子的世界

你的心里在想些什么

01 引导孩子说出心里话

情景再现

心声解读

孩子的内心世界五彩斑斓，家长要想对孩子有更深入的了解，就要想办法走进孩子的内心世界，引导孩子说出自己的心里话。而有趣的提问，恰好是打开孩子内心世界大门的一把“金钥匙”。

什么是有趣的提问呢？有趣的提问，是用问题引发孩子的兴趣，调动孩子的积极性，引发孩子的交流欲望。需要注意的是，有趣的提问一定不是询问，不是质问，更不是追问。很多家长非常关心孩子，常常想要了解孩子的喜怒哀乐和内心所想，但却不得其法。

“今天在学校过得开心吗？”“在学校和同学相处融洽吗？”这样的日常询问看似关心，但孩子早已对这种司空见惯的提问失去了回答的兴趣，往往以“开心”“挺好的”等几句简单的回答敷衍了事，很难兴致勃勃地与家长展开交流。

“你这数学怎么每次都考不过小齐呢？”这样的质问，孩子往往会用激烈反驳或默默无语来回应，这显然更达不到有效交流的目的。

“你和张天为什么发生矛盾？到底怎么回事？是不是你挑衅在先？谁先动手打架的？……”这一系列连珠炮般的追问，更是会让孩子产生压力甚至反感，在这样的情绪下，孩子怎么可能愿意将事情的前因后果对父母和盘托出呢？

话术建议

让提问本身妙趣横生

错误表达

今天做完题检查了吗？检查得认真吗？

恶果：说教式的提问刻板无趣，让孩子很难接受，且容易产生抵抗情绪。

正能量的话术

如果你是一只啄木鸟，有错题的试卷是一棵生虫的大树，你会怎么挑虫子？

效果：孩子会一扫答错题的阴霾，而不会不耐烦地拒绝改错题，并且会兴致勃勃地说要“把虫子挑得一只不剩”。

妙趣横生的问题才能引发令人满意的回答。问题只有问得有趣，孩子才乐于回答，也才能达到提问的目的。

话术建议

提出的问题要能引发孩子的交流愿望

错误表达

你怎么这么不让大人省心？你到底是怎么想的？

恶果：这样的提问与其说是提问，不如说是指责。家长不以交流为目的的提问，自然不会引发孩子的交流愿望。

正能量的话术

快说说你在演讲比赛上突然忘词后是怎么补救的，当时紧张吗？

效果：这样的提问，是从孩子引以为傲的事情入手，自信心和自豪感是引发孩子乐于交流的原动力。

不要从孩子的缺点、错误出发去质问，而是要从孩子的成就或长处入手，这样很容易引发孩子的交流愿望，深入了解便会从愉快提问开始。

话术建议

营造舒适的提问氛围

错误表达

快点说说老师为什么批评你？有没有反省到底错在哪儿？

恶果：为孩子营造出紧张的氛围，孩子在这样的重压之下，很难完全将真实情况和真实想法告诉家长。

正能量的话术

你一直是一个充满奇思妙想的孩子，快说说这件事你又有什么新鲜的见解吧？

效果：营造出一种轻松愉悦的提问氛围，对孩子有肯定，有鼓励，让孩子可以毫无顾虑、放心大胆地提出自己的见解。

情感氛围对孩子的影响非常大，孩子更愿意在愉快或平和的状态下说出自己的真实想法，而很少在紧张、愤怒、心理压力很大的情况下吐露心声。

总 结

典型的无效沟通特征	用询问、质问等而不是高质量提问，提出的问题生硬无趣甚至含有否定、批评、指责的色彩，让孩子三缄其口，拒绝交流。
正能量的父母话术特征	以妙趣横生的提问，引发孩子积极回答的兴趣，在一问一答中，进行亲子间的良性互动，实现高质量的交流。

你在担忧什么

了解孩子的真实心理

02

情景再现

心声解读

丹丹从小就有舞蹈天赋，很小的时候，舞蹈老师就说丹丹是难得的好苗子，丹丹自己也非常喜欢跳舞。难得的是，丹丹很能吃苦，练习舞蹈时从来不用老师和妈妈督促，也不叫苦叫累。因此，丹丹在舞台上一直像璀璨的明星一般耀眼，从小便获得了许多舞蹈比赛的奖项。

老师和妈妈都认为，舞台对于丹丹来说，是再熟悉不过的地方，从小便登台演出的丹丹怎么可能紧张呢？妈妈和老师还认为，对从小就经历了无数次大大小小的舞蹈比赛的丹丹而言，舞蹈比赛简直是轻车熟路。

可是这次的失眠事件，让妈妈觉得丹丹的心里似乎埋藏着心事。妈妈经过及时的询问，终于让丹丹打开了话匣子，说出了心里话。原来，随着年龄的增长，丹丹不再像小时候那样只是快乐地跳舞了，她对自己的要求越来越高，越来越怕自己在比赛中的表现有丝毫的不完美，生怕自己这个“小舞蹈家”的形象不能继续保持，生怕周围的人对她失望……

丹丹能够吐露心声，与妈妈的这次及时的提问是分不开的。妈妈的提问看似简单随意，但营造出了轻松的氛围，不仅及时缓解了丹丹的焦虑情绪，还引发了丹丹的倾诉欲，为家长进一步帮助孩子解决问题创造了条件。

话术建议

家长的提问要及时

错误表达

我忘了问你，上次你和小凯发生矛盾，到底是因为什么呀?

恶果：时过境迁之后才想起向孩子提问，这会让孩子觉得家长不够关心自己，还可能勾起孩子不好的回忆。

正能量的话术

什么事情这么开心呀？和我分享一下会让快乐翻倍哟。

效果：通过及时提问分享孩子的喜悦，有助于亲子间的愉快交流，也更容易获得孩子的信任。

一旦发现孩子有焦虑、担忧等负面情绪，家长要及时通过提问的方式帮助孩子减轻焦虑，化解烦恼；当发现孩子开心、愉快时，家长也要及时提问，引导孩子分享快乐。

话术建议

提问的语气要轻松

错误表达

这次象棋比赛失利，你总结出了什么教训？

恶果：如此沉重的话题，又以如此沉重的语气来提问，会让孩子的心理压力倍增。

正能量的话术

咱们把此时自己的心境用一幅画表现出来怎么样？

效果：以轻松的语气，别致的方式来了解孩子的喜怒哀乐，这是一种特殊的提问，更是一种巧妙的提问。

轻松的提问，不仅会让孩子更愿意将真实的心理感受表达出来，而且在提问和回答的过程中能够缓解心理压力。沉重的提问，不仅无法知道孩子的真实想法，而且会让孩子产生不良情绪。

话术建议

提出的问题要易于回答

错误表达

你到底有什么样的心理感受?

恶果：这样直接、生硬、刻板的提问，让孩子在情感上不易接受。并且这样开放式的问题，让孩子无从回答。

正能量的话术

“大力水手”今天怎么变蔫了？是不是菠菜吃完了？

效果：当发现孩子沮丧、失落、不开心时，及时、形象、生动、轻松的提问，会让孩子在情感上易于接受，在回答上也易于找到入口。

家长提出的问题如果让孩子不易回答，便是失败的提问。这样的提问不仅无法引起孩子的交流欲望，甚至会将孩子原本想要倾诉的念头打消。

总 结

典型的无效沟通特征	提问的方式简单、直接、生硬，提出的问题严肃、枯燥、无趣，这不仅让人不愿回答，也让人不易回答。提问不及时，没有掌握了解孩子真实心理的恰当时机。
正能量的父母话术特征	提问的方式轻松、风趣、幽默，提出的问题针对性强，让孩子愿意回答且易于回答。提问及时，气氛烘托恰当，能及时了解孩子的心理动态。

做什么事会让你觉得很愉快

发现孩子的兴趣所在

03

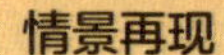

心声解读

花费昂贵的价钱买回一架钢琴，再几经周折地聘请了钢琴教师，可孩子坐在钢琴前就愁眉苦脸；驱车数百千米来到度假村，想带孩子好好玩一玩，可孩子似乎根本提不起兴致，却对草丛中一棵平常的小草产生了浓厚的兴趣……类似这样的情况在生活中时有发生，有时家长不禁会感慨，现在的孩子怎么这么不懂事……

其实，并非是孩子不懂事，也并非孩子冷漠、不能体会家长的良苦用心，而是家长对孩子的内心世界缺乏了解，找不到孩子真正感兴趣的“点”，不了解孩子的兴趣所在，因此才会出现一片苦心付诸东流的情况。

那么，家长怎样才能了解孩子真正的兴趣点呢？简单的询问往往并不能取得理想的效果，而是要用有趣的、有策略的、有针对性的问题去挖掘孩子的兴趣点。因为孩子的兴趣点往往隐藏得很深，孩子自己一时也未必能够说清楚，但兴趣点很可能会在孩子无意的回答中流露出来。因此，家长提问和引导的策略就显得尤为重要了。

同时，在日常生活中，家长还应当细心观察，耐心提问，当孩子的兴趣点与大人期待的有一定差距时，家长要以尊重孩子为前提，不要在提问中强加给孩子家长的看法。

话术建议

提出的问题要有针对性

错误表达

你对什么事情感兴趣？

恶果：这样的提问太过宽泛，会让孩子一时摸不着头脑，很难得到理想的答案。

正能量的话术

妈妈知道你喜欢民乐，那你是更喜欢琵琶、古筝，还是别的什么？

效果：这样的提问是基于对孩子有一定了解的前提下提出的。具体的提问具有启发性，会让孩子对自己的兴趣点把握得更加准确。

孩子对于自己感兴趣的事情并不一定了解得非常确切，需要家长在提问的过程中边问边试探，边问边启发，直到最终双方都能比较准确地锁定兴趣点。

话术建议

提问应当讲究策略

错误表达

你到底是想学弹琴还是画画啊？

恶果：这样空洞、直白的提问，显得有些急躁，会让孩子随意做出选择，但很可能并非孩子自己真正的兴趣所在。

正能量的话术

上次去乐乐家的时候，乐乐演奏钢琴，妈妈看你听得非常认真，你是也喜欢钢琴吗？

效果：以生活中的场景引入提问，会让孩子在轻松的状态下和现实的情境中认真思考自己是否喜欢、喜欢什么，家长更容易获得准确的答案。

孩子的兴趣并不容易准确获知，因为随着孩子年龄的增长和周围环境的变化，孩子的兴趣点也会随之而改变。因此，家长要以策略性提问及时获知孩子兴趣的最新动态。

话术建议

尊重孩子自己的兴趣选择

错误表达

你去学舞蹈好吗？女孩子就应该学舞蹈！

恶果：这种提问并不是真正意义上的征求意见，而且不顾孩子的兴趣所在，属于强加给孩子的一项任务。

正能量的话术

你周末真的想去郊外观察植物吗？那妈妈会带你去的。

效果：对孩子兴趣的重视和认可，会让孩子感受到来自家长的支持和关心，会让孩子的体验变得更加丰富。

孩子的兴趣有时并不能为大人所理解，但大人决不能将自己的想法强加给孩子。只要孩子的兴趣具有合理性，家长便应当尽可能地尊重与支持。

总 结

典型的无效沟通特征	空泛的提问，或枯燥无味的生硬询问，不尊重孩子的意见，自作主张，不从孩子的兴趣爱好出发，盲目决定。
正能量的父母话术特征	提问讲究策略，针对性强，有趣味性，以尊重孩子为前提，重视孩子的想法和意见。

如果可以自己选择作业内容，你想写些什么

提升孩子的学习力

04

情景再现

心声解读

家长忙碌了一天，很晚回到家里，却发现孩子的作业写得一塌糊涂，不禁怒从胸中起；学校开家长会，孩子的名次很靠后，还被老师点名说上课注意力不集中，与同学交头接耳；暑假马上就要结束了，可翻开孩子的暑假作业本，上面却只有七扭八歪的寥寥几笔，原来孩子一直是在敷衍了事……

这些场景相信家长们再熟悉不过了。在孩子的成长过程中，家长除了重视孩子的健康外，最重视的莫过于孩子的学习了。可是怎么才能避免上述情况的发生，提升孩子的学习力，让孩子养成自觉学习的好习惯呢？家长们不妨试试通过特殊的提问来实现。

首先，通过有针对性的提问，了解到孩子的兴趣所在，然后从孩子的学习兴趣出发，以强项带动弱项，培养孩子对于学习的自信心。

其次，通过有策略的提问，增进对孩子学习特点的把握，再针对孩子的学习特点引导孩子用适合自己的学习方法自觉学习，培养孩子好的学习习惯。

最后，通过富有幽默感的提问，增强孩子学习的愉悦感，减轻孩子由于课业负担带来的身心压力，让孩子轻装上阵而非负重前行，让孩子实现快乐学习。

通过这些特殊的提问，能够使家长针对孩子的特点有的放矢地采取行之有效的方法，最终使孩子的学习力得到显著提升。

话术建议

通过提问，了解孩子的学习兴趣

错误表达

老师布置的书单都还没读完，还读什么课外读物？

恶果：将孩子的阅读范围框定在限制范围之内，很难发现孩子真正的兴趣所在，也容易让孩子失去阅读兴趣。

正能量的话术

如果可以自选课程，你想上一门什么课？

效果：孩子的兴趣可能非常广泛，并不局限于课堂之中有限的几门课程。这样的提问方式能够让孩子的思维得到充分发散。

兴趣是最好的老师，每一个孩子都有自己感兴趣、想要学习或认知的内容。了解孩子的兴趣所在，能够帮助孩子获得更大的进步。

话术建议

通过提问，掌握孩子的学习进度

错误表达

你的跆拳道都学了一年半了，现在到底学得怎么样了？

恶果：这种提问显然对孩子缺乏关心、关注，更像是毫不用心地随口一问，起不到任何督促的效果。

正能量的话术

这周的游泳课老师布置的是什么内容？这周任务重吗？

效果：通过对具体内容的提问，掌握孩子的学习进度和学习感受，这会让孩子感受到被关注，更愿意通过努力有更优异的表现。

家长的提问要合理：既不能不管不问，对孩子的学习情况缺乏基本的掌握；也不能事无巨细地询问，对孩子干涉过多，束缚过紧。

话术建议

通过提问，让孩子自觉学习

错误表达

让你赶紧写作业你听到了吗？

恶果：这样的提问是典型的无效提问，发挥的不是提问的功能，而是命令的功能，孩子长期在这样的命令之下很难养成自觉学习的习惯。

正能量的话术

这个周末的学习和娱乐时间你自己是怎么安排的？我们哪天去公园呢？

效果：这样的提问是在对孩子充分尊重的基础上，给予孩子自主权，孩子会感受到自己被信任，同时也会产生一定的责任感，在此驱使下会自觉完成学习任务。

提问应起到让孩子自愿地、欣然地完成学习任务的作用，而不能引起孩子的反感。

总 结

典型的无效沟通特征	看似询问，实则命令；看似尊重，实则强迫。用命令的语气让孩子对学习感到枯燥无味，心生反感，学习力下降。
正能量的父母话术特征	充分尊重，平和沟通，支持爱好，培养兴趣，注重孩子在学习过程中的正面感受，让孩子的学习力得以不断提升。

05

哪些事情会让你有美的享受

让孩子拥有发现美的眼睛

情景再现

心声解读

美在生活中无处不在，要想让孩子拥有正确的审美观，更好地享受美，就要引导孩子善于发现生活之美，而正确的提问不失为一种有效的引导方式。

针对一些常见事物的巧妙提问，会让孩子将注意力集中到这一事物之上，让孩子在日常生活中发现美。同样是穿过一片树林，如果没有善于发现美的眼睛，便可能匆匆而过，对美视而不见，自然会将对美的享受丢置身后；而如果能够像迪迪的妈妈一样一步一步地引导孩子为美驻足，则人生中便多了许多美的享受。

孩子正确的审美观同样需要家长的培养。在日常生活中，家长可以有意识地带孩子去一些艺术街区、美术展馆等场所去感受一些艺术之美，在这一过程中通过对孩子有效的提问来吸引孩子的兴趣。比如："你最喜欢哪幅画？为什么喜欢呢？""你觉得哪座雕塑最生动？"孩子会带着问题去思考，并在回答中提升审美眼光。

同时，家长一定要有意识地让孩子到大自然中体验自然形态中各种美的景象，比如潺潺的流水、鲜艳的花朵、婉转的鸟鸣、茂密的树林等。在家长提问式的启发下，让孩子拥有美的乐趣，鼓励孩子拥有对美的追求。

话术建议

给予孩子审美的权利

错误表达

你为什么要选这件衣服呢？这件衣服真是太难看了！

恶果：剥夺孩子审美的权利，要么会让孩子逐渐失去审美能力，要么会让孩子产生逆反心理，拥有另类审美标准。

正能量的话术

餐厅要添置一幅挂画，你看看哪幅画适合咱们家？

效果：这样的提问能够引发孩子对于美的认真思考，引导孩子通过对比去认识美、发现美，从而形成较高的审美眼光。

孩子的审美品位和审美能力是在审美过程中培养出来的，如果孩子审美的权利时常被大人取代或剥夺，就会让孩子失去审美的机会，从而影响孩子审美能力的形成。

话术建议

鼓励孩子发现生活之美

错误表达

你天天关注那些美啊丑的，哪里还有心思认真学习？

恶果：将审美排除在孩子的生活之外，将美的享受同样也排除在孩子的生活之外，这会让孩子的生活枯燥乏味。

正能量的话术

你挑的这只杯子真漂亮，能说说你为什么选它吗？

效果：美无处不在，审美也无处不在。即使是对一件普通生活用品的选择，也可以鼓励孩子去提升审美能力。

生活之美、自然之美无处不在，巧妙的提问则可以引导孩子关注美、感受美，让孩子真正拥有一双善于发现美的眼睛。

话术建议

引导孩子拥有美的享受

错误表达

你一个小孩子又不懂艺术，能看懂这些艺术品吗？

恶果：阻挡了孩子对美的欣赏与追求，也阻挡了孩子对艺术殿堂的向往，使孩子逐渐失去享受艺术魅力的机会。

正能量的话术

经过这次黄山之旅，你觉得黄山哪一处景致让你印象最深？

效果：引发孩子对于自然之美的愉快回忆，增强孩子对美的感受力。

享受美是一种生活态度，这种生活态度需要从小培养。有针对性的问题可以让孩子重复审美体验，尽享生活之美。

总 结

典型的无效沟通特征	压制孩子的审美愿望，打击孩子的审美自信，剥夺孩子的审美权利，让孩子无法充分享受生活之美。
正能量的父母话术特征	引发孩子的审美兴趣，提升孩子的审美能力，鼓励孩子用自己的眼睛去发现生活之美、自然之美，让孩子更深刻地理解美、感受美。

温柔而坚定

有爱有原则

父母的底线就是孩子的起跑线

第四章

拒绝的话术：温柔而坚定地说不

不能这样做是因为……

01

给孩子一个拒绝的理由

情景再现

心声解读

超市里，孩子非要买一顶帐篷，可家里已有的一顶帐篷还在闲置，家长果断拒绝，孩子便哭闹起来；周末爸爸需要在家里加班完成工作，可孩子非要立刻去游乐场，爸爸拒绝，孩子便躲在房间里和大人赌气……

拒绝孩子是一门艺术。心理学研究发现，经常被严厉拒绝的孩子，容易在潜意识里形成这样的认知：我不够好，我不配得到，久而久之容易形成匮乏型人格。那么当孩子提出不合理要求的时候，家长到底该怎样拒绝才能让孩子更容易接受呢？

面对孩子的无理要求与撒泼打滚，聪明的父母不会只是说“不”，而是要将拒绝的理由说清楚，同时还要加之合理的共情与细心的安慰，这样才会让孩子更容易接受被拒绝且避免受到伤害，还会减少孩子不合理行为的发生。

家长还要以平和的态度，设身处地地站在孩子的角度看待问题，有时孩子并非故意想要做出一些叛逆的举动，而是出于寻求关注、好奇等心理，这时家长就要包容和理解孩子，可以通过讲故事、现身说法等更有策略的语言方式对孩子进行引导，而不是盲目地否定孩子。

话术建议

将真实具体的原因告诉孩子

错误表达

我说不能去露营自然有我的道理，不让你去你就别去！

恶果：完全“霸道式”的管教方式，不告诉孩子具体原因就强硬阻止孩子，会激起孩子强烈的反抗情绪。

正能量的话术

妈妈之所以不让你去爬山，是因为现在山顶的冰雪还没融化，危险不说，景色也不够美，妈妈建议你下个月去会更好。

效果：从替孩子着想的角度，向孩子讲清楚反对他去爬山的具体原因和理由，相信孩子认真思考之后会重新做出选择。

拒绝孩子一定不能冷酷生硬，一定要让孩子知道被拒绝的原因，而且这个原因一定要具体、明确，这样孩子才能知道不能做的道理，对孩子而言才有意义。

话术建议

向孩子讲明道理

错误表达

不让你到高级道上去滑雪你就不要去！

恶果：不讲明道理就是命令，就是强迫，就不易为孩子所接受，还会激发孩子的逆反心理。

正能量的话术

妈妈这次没同意带你去野生动物园，是因为你现在正处在过敏期，妈妈担心你的病情加重，过段时间你的病情好转了，妈妈会给你补上。

效果：拒绝带孩子去野生动物园，本来可能让孩子感到不悦，但妈妈对孩子讲明了道理，便会得到孩子的理解，孩子也会觉得妈妈是为自己好，会更理解大人的苦心。

有时，家长认为很有道理的拒绝，由于没有把道理给孩子讲清楚，在孩子眼中就变成了毫无道理的拒绝，孩子会觉得父母像是一位“暴君”，总是对自己的决定强加干涉，便会与父母逐渐产生隔阂。

话术建议

安抚孩子的情绪

错误表达

哭什么哭？越哭越不给你买！你就哭吧！

恶果：孩子遭到拒绝本就有些伤心、失望，再加上家长粗暴的态度，会将孩子的情绪引向失控。

正能量的话术

今天没带你去看电影，妈妈知道你很失望，别难过，过几天妈妈不忙了会带你去的。

效果：因为忙碌而拒绝孩子想去看电影的要求，自然会引发孩子一定程度的失望与不满，但对孩子情绪的理解和安慰，会让孩子更容易理解家长，更愿意接受现实。

当孩子遭到拒绝时，孩子有一些负面情绪和不恰当的行为表现是可以理解的，家长要尝试与孩子共情，对孩子进行合理安慰，不要火上浇油，进一步激发孩子的逆反心理和负面情绪。

总 结

典型的无效沟通特征	以命令式的强硬语气，毫无理由地生硬拒绝。不讲明原因，不说明理由，不安抚情绪，让孩子产生强烈的反抗与不满。
正能量的父母话术特征	拒绝的同时讲清理由，说明原因，合理共情，同时对孩子给予必要的安抚，让孩子在道理上容易理解，在情绪上容易接受。

明天才能吃炸鸡腿

延迟满足，让孩子摆脱急躁

02

情景再现

心声解读

现如今，很多孩子从小便得到精心呵护，一直是要风得风，要雨得雨，一旦在哪件事情上不能立刻得到满足，便会情绪急躁，大发脾气，哭闹不止。这时候，家长一定要引起重视，学会延迟满足，帮助孩子摆脱急躁情绪。

延迟满足，可以看作是为了更有价值的长远利益而放弃价值较小的眼前利益。对于孩子来说，延迟满足能够增强孩子的自控能力、社会适应能力和人际交往能力，有利于孩子未来有更长足的发展。那么面对孩子的急躁和焦虑，家长应该怎么做呢？

首先，家长要注意自己的态度和与孩子对话的方式，既不要呵斥孩子，也不要孩子一闹就盲目迁就孩子，而是要让孩子认识到，任何事情都可能会受到主客观条件的限制而不能即刻实现，“心想事成”是不现实的，很多事情有的时候是不以个人主观意志为转移的。

其次，要注重培养孩子的耐心，如果孩子缺乏耐心，就会被焦躁的情绪所控制，以至于丝毫接受不了等待，而有耐心的孩子，则更能够适应延迟满足。

最后，要让孩子切实感受到延迟满足带来的益处，比如可以获得“累积奖励”，可以在社交活动中更受欢迎，可以让自己获得更大的进步等。

话术建议

缓解孩子的急躁情绪

错误表达

这孩子说风就是雨，你就闹吧！再闹今天也没时间带你出去玩儿！

恶果：孩子由于自己的要求不能立刻得到满足而产生了不满情绪，在发泄情绪的过程中又被家长“火上浇油”，孩子的急躁情绪不仅没有得到缓解，其失望的情绪反而加重了。

正能量的话术

别着急，冷静下来，妈妈告诉你今天不能马上把这个魔术道具买回家的原因。

效果：先让孩子激动、急躁的情绪稳定下来，然后晓之以理，动之以情，说明原因，讲明理由，将能满足孩子要求的具体时间告诉孩子，让孩子有所期待，实现延迟满足。

在延迟满足的过程中，孩子会出现急于求成、失望焦躁等负面情绪，家长要先化解孩子的情绪，待孩子的情绪趋于平稳后再进行进一步的教育引导。

话术建议

不要盲目地迁就妥协

错误表达

好了好了，别哭了，都按你说的办，这就让爸爸去开车，带你去科技馆。

恶果：盲目地迁就妥协只会让孩子越来越没有耐心，越来越不能接受被拒绝或延迟满足，久而久之就会养成不良的性格习惯。

正能量的话术

妈妈理解你失望的心情，但今天我们确实没办法抽出时间去给你买那双鞋，妈妈答应你下个周末一定带你去。

效果：善于共情，先肯定孩子因要求不能及时得到满足而产生的失望是被理解、被认可的，然后讲明道理，明确时间，让孩子既产生新的希望，一扫情绪的阴霾，又能够耐心等待直到愿望实现。

有时，孩子一表现出激烈的不满或反抗情绪，家长便会收回之前说的话，盲目地对孩子迁就妥协。这样过于娇惯，会让孩子产生只要哭闹、生气就能扭转局面的错觉，不利于培养孩子的耐心，更不利于孩子日后的人际交往。

话术建议

给予孩子“累积奖励”

错误表达

今天说不能买就不能买！而且就你这当众撒泼的表现，永远也不会给你买！

恶果：这已经不是“延迟满足”了，而是“就不满足”，孩子会觉得家长根本没有拒绝自己的正当理由，就是为了惩罚自己，这会激发孩子强烈的对抗情绪。

正能量的话术

如果今天不买这个奥特曼，下周末妈妈会让你自己选择一个更喜欢的礼物。

效果：明确告诉孩子不是拒绝满足，而是如果延迟满足的话，可以得到“累积的”或“更好的”。用这种明确的“累积奖励”的方式，可以培养孩子的耐心。

鼓励孩子延迟满足，以“更丰厚的获得”和“更愉悦的满足”对孩子进行激励，让孩子知道“早”的未必是“好”的，让孩子对延迟满足的益处有切身的体会。

总 结

典型的无效沟通特征	或是严厉训斥，当众责罚；或是娇惯迁就，随意满足。让急性子更着急，让“小暴君”更暴躁。
正能量的父母话术特征	安抚情绪，讲清道理，累积奖励，明确时间，让孩子不至于失望，也让孩子懂得耐心与等待的益处。

怎么哭都不可以玩电子游戏

态度坚决，原则问题不让步

03

情景再现

心声解读

当我们发现孩子有一些不良嗜好或者行为，比如不讲究卫生，没有时间观念，沉迷于手机游戏，接触烟、酒，对同学暴力相向等时，我们有时会控制不住自己的怒火，想要急于制止孩子，冲孩子大吼大叫，甚至对孩子进行狠狠的责罚，可却收效甚微，孩子依旧我行我素，不良嗜好根本没有改正，反而越来越“皮”，越来越不把父母的话放在心上。

面对孩子的不良行为，家长要少说否定的话，多说鼓励的话。孩子越夸越听话，鼓励的话会让孩子增强自信心和责任感，加强自我要求，在得到认可和鼓励后，孩子会产生想要做得更好的心理，这有利于孩子真心改掉不良行为，戒除不良嗜好，效果要远比父母通过暴力方式从外部进行约束好得多。

同时，家长还要注意，不能喋喋不休地对孩子唠叨，要情理分明地规劝孩子。很多家长虽不打骂，但却如和尚念经一般唠叨不停、抱怨不休，这只会让孩子把父母的话当作耳旁风。而情理分明地规劝孩子，则会让孩子产生认同，有利于对孩子不良行为的纠正。

话术建议

态度坚决但不大吼大叫

错误表达

你居然偷偷抽烟？看我不揍你！

恶果：错误的语言，错误的行为，错误的态度，错误的方式，是不会让孩子戒除不良嗜好，对孩子的行为形成规范的。

正能量的话术

吸烟、饮酒对青少年危害极大，妈妈相信你会远离烟、酒的，对吗？

效果：态度非常明确、坚决，语气坚定但温和，积极鼓励孩子而非否定训斥孩子，这样会帮助孩子积极改正错误，远离不良嗜好。

坚决的态度不一定需要高声表达，温和的态度不一定没有力量。让孩子远离不良嗜好一定要立场鲜明、态度坚决，但也要循序渐进，讲究策略，不能急于求成。

话术建议

否定行为但不否定孩子

错误表达

天天就知道玩游戏，像个网虫一样，我看你这孩子是不会有出息了！

恶果：否定的不仅仅是孩子的一个行为，而是对孩子进行了全盘否定，容易让孩子失去对自己的准确定位，影响孩子的未来。

正能量的话术

如果你能改掉不讲卫生的坏习惯，你会是一个非常优秀的孩子。

效果：只否定孩子不讲卫生这一行为，但却并不否定孩子本身，重心不在批评指责，而在鼓励，这样会更利于孩子纠正不良习惯。

孩子在成长过程中沾染一些不良嗜好或是养成一些不良习惯时，家长要客观理性地看待，要帮助孩子及时戒除或改正，要以鼓励为主，不能对孩子表现出过度失望或否定，以免打击孩子的信心，影响孩子未来的发展。

话术建议

让孩子具有抵制不良行为的自觉

错误表达

这次我一定看牢你，绝不让你再有机会接触那些坏孩子。

恶果：这样的言语表达了对孩子的不信任，而且还是一种变相的强制、束缚和胁迫，治标不治本。

正能量的话术

妈妈相信你不需要大人的强制，也能凭借坚强的意志力戒除网瘾的，咱们一起努力，妈妈支持你。

效果：家长给予孩子精神上的鼓励和态度上的支持，要比严格管束作用大得多。同时，家长的信任也会成为孩子改变不良习惯的动力。

外在的严格管束的确是让孩子戒除不良嗜好和改变不良习惯的方法之一，但往往一时有用，治标不治本，要想根除孩子的不良嗜好，就要鼓励孩子自觉对不良嗜好说“不”，这才是标本兼治。

总 结

典型的无效沟通特征

批评打击，全盘否定。对孩子的不良嗜好表现出震惊、失望、气愤等态度，训斥，恐吓，打击孩子的自信心，让孩子更加缺乏自制力。

正能量的父母话术特征

态度坚决，但语气温和。督促改正，但不强制命令。鼓励为主，监督为辅，积极引导，增强自信，让孩子在乐观积极的心态下摆脱不良嗜好带来的困扰。

04

动手打人是非常错误的行为

是非分明，让孩子远离暴力

情景再现

心声解读

家长平和的心态、稳定的情绪、是非分明的态度以及正能量的语言，对于孩子的不良行为而言是一剂“良药”，对于制止孩子的不良行为有奇效。在孩子的不良行为中，暴力行为触犯行为底线，会造成不良后果，是家长在孩子身上尤其要重视预防的。

避免孩子出现暴力行为，家长首先要做到是非分明。家长不能毫无原则地对孩子过分溺爱，以至于让孩子模糊了对与错的界限。不能让孩子从小在家里成为说一不二的“小霸王”。过分的溺爱、迁就和放纵会让孩子心理承受力差，导致孩子有一点儿不顺心的事便耐不住火气，催生孩子产生暴力行为。

其次，家长要用正能量的语言引导孩子正确看待事物，鼓励孩子进行和谐的人际交往，教会孩子用合理的方式解决问题和争端。当孩子出现暴力行为时，家长一定要严厉制止，要让孩子感受到问题的严重性。但家长同时也要把握好度，不能以打骂、责罚等方式解决问题，因为语言暴力也是暴力的一种，而身体暴力更是为孩子做了反面示范，这样做无异于“以暴制暴”，只会让孩子进一步效仿，以暴力为解决问题的方式。

话术建议

明确告诉孩子暴力行为是错误的

错误表达

小孩子之间打打闹闹都是正常的，没什么大不了的。

恶果：传递给孩子错误的信息，很可能让孩子认识不到暴力行为的严重性，所谓的“打打闹闹”要区分性质，小孩子之间的暴力行为危害是极大的。

正能量的话术

一定要记住妈妈的话，任何时候都不能选择用暴力方式解决问题，暴力行为本身是错误的。

效果：明确告诉孩子暴力行为本身是错误的，暴力行为是被坚决反对的，这样孩子才不会选择去打“擦边球”。

很多孩子有暴力行为，是因为认识不到自己这种行为的危害性，如果家长不摆明态度和立场，会让孩子为自己的暴力行为寻找合理性和借口，容易让孩子在暴力的路上越走越远。

话术建议

让孩子拥有稳定的情绪

错误表达

还不赶紧停止在地板上踢球！是不是等我揍你呢？

恶果：家长这种极不稳定的情绪和暴力、威胁的说话方式，会对孩子产生负面影响。孩子很可能会在其他场合或环境下效仿。

正能量的话术

遇到生气的事情要先冷静，做深呼吸，然后再决定接下来该怎么做。

效果：这样的话语指导性很强，能够稳定孩子情绪，帮助孩子以有效的方式缓解情绪，避免孩子由于情绪失控而产生暴力行为。

稳定的情绪是让孩子摆脱暴力的前提之一，而正能量的话术可以缓解急躁，平稳情绪，继而实现有效劝导，让孩子更加懂事明理。

话术建议

帮助孩子寻找正确解决问题的途径

错误表达

天天就知道打架！真是四肢发达，头脑简单，就不能用脑子解决问题！

恶果：指责一番，抱怨一番，否定一番，却并没有给孩子“指出一条明路”，也没有告诉孩子正确的做法是什么。

正能量的话术

先别生气，妈妈觉得你和小齐之间存在着误会，你可以主动和小齐约个时间，开诚布公地好好谈一谈，误会一定会解开的。

效果：告诉孩子通过和平、协商的方式解决问题的办法，先安抚孩子的情绪，然后给予孩子正确的指导，矛盾和问题通过合理途径解决了，暴力行为也就失去了滋生的土壤。

有时孩子选择用暴力的方式解决问题，不仅仅是因为孩子情绪失控或是有暴力倾向，很多时候还因为孩子不知道怎么用正确的方式解决问题，如果家长能够为孩子提供有效的指导，就会让孩子掌握解决问题的途径，从而远离暴力。

总 结

典型的无效沟通特征

是非不分，不明确表明立场，对孩子的暴力行为有所纵容；或是以暴制暴，通过另外一种语言或行为的暴力形式对孩子进行“火力压制”。对孩子缺乏有效引导，让孩子面对矛盾冲突时无法合理应对。

正能量的父母话术特征

态度明确，立场鲜明，对孩子的暴力行为丝毫不纵容。让孩子认识到暴力的危害，教孩子制怒的方法，增强孩子的自控能力，为孩子提供多种合理解决问题的途径和方法，让孩子具备远离暴力的条件。

多赏识，少指责

多肯定，少贬低

好孩子是可以夸出来的

第五章

赞美的话术：帮助孩子发现优秀的自己

这帆船做得真精细，你一定用心了

肯定孩子的努力与专注

01

情景再现

心声解读

当孩子认真地复习了很久，终于结束了一场考试时，无论最终成绩如何，孩子都是希望得到家长的肯定与认可；当孩子用了很长的时间，终于做好了一顿饭时，无论做出的饭菜是否美味，孩子也是希望得到家长的赞美与表扬。

人人都渴望获得肯定与赞美，无论是成年人还是孩子，因为人都有被认可的心理需求。著名的罗森塔尔效应表明，热切的期待和赞美能够产生奇迹，因为赞美拥有无穷的力量，可以激发人的潜力。

每个孩子的身上都有闪光点，作为家长，对孩子要“不吝赞美”“不吝表扬”，要知道好孩子是夸出来的，而不是批评出来的。也许有些家长会担心，过多地赞美孩子，会不会让孩子产生骄傲自满的心理，不再努力进步了。其实只要父母赞美孩子的方法得当，不仅不会让孩子停滞不前，反而会激励孩子勇往直前。因为来自父母的赞美对孩子而言是一种莫大的鼓励，会增强孩子前进的勇气、动力与信心。

当然，父母在赞美孩子时也不能盲目夸赞，而是要遵循一定的话术原则，比如不要赞美孩子的聪明与天赋，而是要多赞美孩子的努力与专注；不要过多地关注结果，而要多认可孩子尝试的勇气、努力的过程等。

话术建议

赞美孩子努力的过程而非天然优势

错误表达

宝贝你真是又漂亮又聪明啊！

恶果：赞美孩子先天具有的、不需要通过后天努力便存在的优势，不仅对孩子起不到激励作用，反而会让孩子产生不恰当的自我认知。

正能量的话术

攀岩是一项极其考验人的体力与意志力的运动项目，你居然努力坚持下来了，真为你骄傲！

效果：对孩子的坚毅与勇气，对孩子的耐力与意志力进行赞美，会让孩子获得肯定与鼓舞，增强继续前进的信心与动力。

赞美孩子的天赋而非他的努力、策略和选择，是在慢性地扼杀孩子的成长型思维。经常因天赋而受到赞美的孩子，会缺乏挑战困难的勇气；而经常因努力而受到赞美的孩子，会更勇于挑战困难和面对复杂局面。

话术建议

赞美孩子要实事求是，不要过于夸张

错误表达

你真是个画画天才，长大了一定是画家！

恶果：这种赞美无异于一种欺骗，总有一天会被孩子识破的。赞美要实事求是，也要把握好度，过度的赞美像是一种吹捧，是不会起到激励孩子的作用的。

正能量的话术

虽然你的乐感不是最好的，但很多著名钢琴家都并非天才型的，你这么认真努力地练琴，一定会有所成就。

效果：这种赞美不仅契合实际，让孩子愿意相信并接受，而且这种赞美充满着正能量，为孩子指明了达到梦想彼岸的努力方向，孩子会在实践中发现这种赞美是对自己真正的鼓励。

家长的一些毫无事实依据的盲目赞美，或者一些完全出于主观想法或愿望的称赞，对孩子有害无益。因为当孩子发现事实并非如此，而自己只是天资平平甚至还不如别人时，便会产生自我怀疑和自我否定。

话术建议

赞美孩子要关注细节，避免空洞笼统

错误表达

你可真厉害，表现真好！

恶果：究竟什么厉害？哪里表现得好？空洞笼统的赞美会让孩子觉得不够真诚，而且孩子也不知道接下来应该向哪个方向努力。

正能量的话术

今天的话剧表演，你角色诠释到位，与其他同学配合默契，很有感染力。

效果：这样的赞美是对场景和细节的描述，孩子更具体地知道自己哪里表现得突出，该向哪个方向继续努力。

赞美不能泛泛而谈，对于细节的关注和对于场景的描述，才会让孩子觉得赞美不是随口一夸，而是满含着真诚与赏识，才会让孩子真正增长信心和才干。

总 结

典型的无效沟通特征

赞美天赋而不赞美努力，关注结果而不关注过程。夸赞不够实事求是或空洞笼统，没有起到增强自信的作用。

正能量的父母话术特征

赞美努力与专注，关注过程，关注细节，关注收获，而不过多地关注结果。用真正的赏识取代随意的夸赞，让孩子的自信心得到增强。

02

这次演讲你表现很出色，真有语言天赋

帮助孩子发现自己的优点

情景再现

心声解读

每一个孩子都是一座丰富的宝库，每一个孩子都有自己的优点。宝藏需要寻宝人去发掘，而孩子的优点其实也需要家长去细心发现。

也许有些家长会觉得，自己的孩子实在是一个比较普通的孩子，学习成绩一般，也没有什么明显的特长或爱好，性格也不够活泼开朗，实在是没什么可圈可点之处。其实，这样的想法是错误的。家长有这样的认识，一方面是由于家长不够细心，没有从更深层次着眼去深入发掘孩子身上的优点，比如：有的孩子虽然学习成绩一般，但心地善良，富有同情心；有的孩子虽然性格比较内向，但内心细腻，观察能力强。孩子的这些优点无不需要家长去细心发现并给予肯定，继而帮助孩子发扬。另一方面，家长总以世俗或功利的标准对孩子进行评价，只要孩子的学习不突出，不是众人眼中的“小明星”，就认为孩子没什么优点。其实，对孩子评价时要放宽眼光，要使评价标准更加多元化。

每个孩子都是独一无二的，每个孩子身上都有自己的闪光点，如果家长能够帮助孩子发现自己身上的闪光点，就会让孩子在增强自信的同时重新认识自己，重新定位自己，进而让孩子变得更加自信和优秀。

话术建议

细心捕捉孩子身上的闪光点

错误表达

你就是个普普通通的孩子，妈妈希望你快乐就好。

恶果：主观盲目地将孩子定性为“普普通通”，让孩子缺乏正确的自我认知，进而缺乏自信心，产生悲观心理。

正能量的话术

你真是个动手能力很强的孩子，自己做的小鸟模型简直栩栩如生。

效果：细心地捕捉到了孩子身上不同于他人的闪光点，对孩子的赞扬非常具体，很注重细节，能够真正让孩子感受到被认可的快乐，孩子也会因此得到很大的鼓励。

孩子身上的闪光点往往不是那么突出，这需要家长尽量把眼光放“细”，要用放大镜一般的眼睛去捕捉孩子身上的闪光之处，帮助孩子将其尽量发扬。

话术建议

鼓励孩子充分展示自己

错误表达

是金子总会发光的，只要你是千里马，就会有伯乐发现你的。

恶果：传递给孩子的是一种被动等待的观念，是让别人占据主动权来发现自己的优点，而不是鼓励孩子充分展示自己。

正能量的话术

酒香也怕巷子深，你只有充分展示自己，大家才会更加了解你。

效果：鼓励孩子展示自己，能够让孩子的优点得到展现并获得广泛认可，有利于孩子增强自信，进一步展现自身优点。

孩子展示自我的过程，也是进一步认识自我、发现自我的过程，在此过程中孩子会在外界评价的帮助下发现优点，发扬优势。

话术建议

对孩子表现突出的方面给予及时肯定

错误表达

人外有人，天外有天，你离舞蹈家的水平还远着呢，可不要骄傲自满哟！

恶果：对孩子表现突出的方面没有进行及时肯定，而是在寻找孩子与“舞蹈家”的差距，这样会打击孩子的自信心。

正能量的话术

今天你在台上的表现很出色，你的歌声优美且富有感染力，大家反响很好。真为你骄傲！

效果：对孩子的出色表现进行及时且全方位的肯定和赞扬，有利于增强孩子的自信心，让孩子有更出色的表现。

孩子非常希望得到父母的肯定和认可，当孩子有表现突出的方面时，家长一定要适时地对孩子进行肯定、夸奖与赞美，这样才能让孩子得到鼓励，将其自身优点进一步展现出来。

总结

典型的无效沟通特征

经常否定、批评、打压孩子，让孩子自卑、沮丧，失去自我表现的愿望；或是告诉孩子他很普通，主动降低对孩子的要求，让孩子难以发现自身优势所在，产生自卑感。

正能量的父母话术特征

细心发现孩子身上的闪光点，对孩子一点一滴的进步都予以肯定和表扬，鼓励孩子发现优势，展现优点，认识自己，展示自己，让孩子充满自信，快乐向前。

你帮张奶奶提东西了，真是个热心的好孩子

03

肯定孩子的善良与热情

情景再现

心声解读

著名教育家苏霍姆林斯基曾说：“善良的情感是良好行为的肥沃土壤。”可不少青少年表示，父母更加关注他们的成绩或身心健康状况，而对于他们是否关心别人，是否善良、热情，却不甚关注。其实，培养孩子善良、热情的品质与性情，引导孩子主动关心他人、帮助他人，有礼貌、负责任，是非常重要的。那么家长究竟应该怎样做呢?

首先，家长要善于用正能量的语言引导孩子，在孩子的成长过程中，注重培养孩子善良的情感，让孩子在他人需要帮助时主动伸出援手。比如，要引导孩子去关注和体察身边人的难处，感受身边人遇到的困难并适时伸出援手。

其次，对孩子帮助他人、关心他人等行为及时进行赞美与肯定，鼓励孩子。当孩子主动帮助别人或以善良的情感对待他人时，家长要对孩子的行为给予及时的肯定，这样会让孩子觉得得到了父母乃至社会的认可，能够让孩子受到激励和鼓舞。

最后，教会孩子用正能量的语言给予他人温暖。正所谓“良言一句三冬暖，恶语伤人六月寒”。除了要教会孩子在行动上善待他人外，还要让孩子懂得，在别人遇到困难时，真诚的话语、暖心的安慰等也是对他人的善意。

话术建议

及时赞美孩子热情、善良的行为

错误表达

不就是帮同学带了早饭么，没什么大不了的，同学之间互相帮助本就是应该的。

恶果：孩子的热情和善良没有在家长这里得到肯定和表扬，更没有得到赞美与鼓励，这会打消孩子的积极性。

正能量的话术

听说今天体育课上，是你把受伤的张迪背到医务室的，你真是太棒了！

效果：孩子善良的举动得到了家长的肯定与认同，这对孩子来说是一种鼓舞，会让孩子愈加热情、善良地对待他人。

孩子金子般的心本就存在，但有时需要家长帮助孩子去发现。美好的情感与品质在家长的赞美和激励下会渐渐显现出来，金子般的心会愈加闪闪发光，孩子的人性之美会逐渐绽放出光彩。

话术建议

鼓励孩子对他人伸出援手

错误表达

你还小，自己能管好自己就不错了，大人的事情就不用你操心了。

恶果：容易让孩子失去责任感，形成自私自利、以自我为中心的性格，不利于孩子身心的健康发展，也会影响孩子的人际交往。

正能量的话术

赠人玫瑰，手有余香，在别人需要帮助时一定要伸出援手，同时自己也会获得快乐与成长。

效果：对孩子进行了积极的鼓励，让孩子知道帮助他人是一件能够让自己从中获得成长、令人愉快的事情。

孩子的行为往往需要大人的鼓励与指引，以正能量的语言向孩子传递积极、正确的价值理念，能够让孩子认识到热情、善良、乐于助人是一种优秀的品质。

话术建议

制造机会让孩子表达善意

错误表达

先把你自己管好，再去操心别人。

恶果：关闭了孩子表达热情与善意的大门。孩子失去了表达善意的机会，其实也就失去了锻炼自己、获得自信、开展良好的人际交往的机会。

正能量的话术

快看看那个小朋友怎么了？他怎么哭了？是不是和家人走散了？

效果：不失时机地帮孩子找到帮助他人、表达善意的机会，让孩子从中体会到帮助他人的乐趣和带给自己的益处，孩子会在不知不觉中获得进步。

关心和帮助他人，是建立良好人际关系的前提，也是自身得到锻炼的途径。为孩子制造表达善意、帮助他人的机会，可以让孩子获得一定程度上的社会认可和心理满足，有利于培养孩子优秀的品格。

总　结

典型的无效沟通特征

对孩子善意的行为没有及时赞美与鼓励，没有引导孩子表达善意，打消了孩子乐于助人的积极性。

正能量的父母话术特征

赞美、鼓励并引导孩子，让孩子树立正确的价值理念，对孩子的善意行为及时进行肯定，帮助孩子寻找为他人提供关心、帮助的机会。

你真是个有勇气的孩子，恭喜你战胜了自己

培养孩子的信心与勇气

情景再现

心声解读

社会心理学认为，受人赞扬，被人理解和尊重，能使人感受到生活的动力和自身价值。对于孩子而言，来自家长的肯定与赞美会增加孩子的信心与勇气，让孩子在成长过程中充满动力。

当孩子在某些方面存在短板或缺陷时，孩子往往会陷入自我否定或自卑之中，这时如果孩子在家长的鼓舞之下能够勇敢进行尝试，那么无论结果如何，家长都应该肯定和赞美孩子勇于尝试的精神。要让孩子知道千里之行始于足下的道理，迈出的第一步便是走向成功的开始。如果孩子的尝试和努力得不到肯定，就有可能会让孩子失去继续努力的自信和勇气。

有些孩子学习成绩不好，便逐渐失去了学习的信心与勇气。这其中很大一部分原因是因为他们在尝试改变时，由于不得其法，而没有得到家长适时的肯定；他们在尝试进步时，由于没有取得立竿见影的效果，而没有得到家长适时的赞美。久而久之，孩子便产生了自我怀疑，进而产生自我否定，最终陷入自卑之中。

还有很多孩子会有一些天然或是后天形成的“短板”，比如恐高、怕黑、害怕与人打交道、怕水等，如果家长能够为孩子加油打气，便会让孩子拥有战胜困难的信心。

话术建议

赞扬的话要大声讲出来

错误表达

我就说水有什么可怕的，游泳这不是也学会了吗。

恶果：没有看到孩子战胜恐水心理所付出的努力，没有给予孩子适当的赞扬，这会让孩子觉得努力战胜自己、战胜困难并不能得到明确的认同和肯定，会让孩子逐渐失去战胜自己的动力。

正能量的话术

你从小身体并不十分强壮，却坚持攀岩，真是一个意志力坚强的孩子。妈妈真为你骄傲！

效果：家长根据孩子的实际情况，及时看到了孩子的长处，给予孩子适当的鼓励和称赞，会让孩子信心倍增。

每个人都有自己的长处和短处，父母必须了解孩子的性格特征和优缺点。特别是看到孩子的进步，一定要给予孩子鼓励、称赞，要把赞扬的话大声说出来，才能使孩子信心百倍，勇敢地面对人生。

话术建议

赞美过程而非结果

错误表达

等你考进前三名，妈妈就给你奖励。

恶果：只关注孩子最终取得的考试结果，而不关注孩子在此过程中付出的努力，这会对孩子产生不良影响。一旦结果没有达到预期，便容易让孩子产生悲观失望的心理。

正能量的话术

只要敢走上舞台，就是对自己的超越，就值得表扬。

效果：允许孩子一步一步地实现自我、超越自我，相当于将“优秀”这一任务进行了分解，对孩子的每一点进步的肯定、赞扬，是孩子奋勇前行的动力。

只要孩子有寻求改变、战胜自己、取得进步的行动或想法，家长便应当根据实际情况及时对孩子进行肯定和表扬，在“量”的积累阶段对孩子的鼓舞，会让孩子更快实现“质”的飞跃。

话术建议

注重对细节行为的赞美

错误表达

你真是最棒的孩子！

恶果：什么事情做得棒？哪方面棒？都没有说清楚，这样笼统的赞美不能为孩子指明继续努力的方向，还容易让孩子产生骄傲自满的心理。

正能量的话术

你今天自己办理公交卡时，我看你和工作人员的交流非常愉快，你的人际交往能力真是越来越强了。

效果：对孩子行为细节的赞美，是基于对孩子细致入微的观察，这会让孩子觉得受到关注，进而受到鼓舞。

对孩子战胜自己、取得进步的具体细节给予肯定，让孩子明白自己的努力家长是十分关注且看在眼里的，会使赞扬的效果更好。对孩子的表扬越具体，会让孩子越觉得真诚、真实，孩子更容易明白哪些是好的行为，更容易找准努力的方向。

总结

典型的无效沟通特征

不能及时鼓励孩子改正缺点，战胜自我；对孩子的进步视而不见，不及时予以肯定和赞美，打击孩子的自信心；过度关注结果。

正能量的父母话术特征

鼓励孩子挑战自我，增强自信，鼓足勇气，奋力前行。关注孩子细微的进步并及时予以肯定，对孩子进行适时的赞美与鼓励，促进孩子发现自己的长处和能力，继而对自己更有信心。

05

今天自己整理了房间？真令人惊喜

反话正说，让孩子告别邋遢

情景再现

心声解读

刚收拾好的房间，一会儿就被孩子弄得乱七八糟，书本玩具散落一地；吃完饭的餐桌杯盘狼藉，食物残余掉落到地上，又被踩得到处都是；走进孩子的房间，简直乱到令人瞠目结舌；刚换上的干净衣服，出去玩了一趟回来便满身污渍……相信孩子的这些邋遢行为，经常让家长们抓狂，可孩子还偏偏屡教不改。如何管教好一个个的“邋遢大王”，成了让家长们无比头疼的难题。

事实上，邋遢不仅是一种不良生活习惯，还是孩子缺乏自律的表现。邋遢行为的出现，很多是由于孩子自控能力弱，对自己缺乏约束，缺乏管控。这种坏习惯一旦养成，便不容易改变，会对孩子未来的生活造成不良影响。因此，家长一定要引导孩子从小打理好自己和自己的生活。

在改变不良生活习惯方面，对孩子直接的批评教育往往很难奏效，这时如果家长能够学会反着说话，用引导代替否定，用鼓励代替批评，则往往能够取得意想不到的效果。家长不要轻易对孩子进行负面定性，要善于用逆向思维思考问题，发现孩子身上的可圈可点之处，鼓励孩子，肯定孩子，赞扬孩子，最终使孩子告别邋遢。

话术建议

反话正说，变批评为鼓励

错误表达

你这孩子就是脏乱差！真是屡教不改！

恶果：用深深的否定和严厉的批评将孩子归为“脏乱差”的行列，让孩子失去改变不良习惯的机会并丧失改变不良习惯的动力。

正能量的话术

你现在已经能够做到保持衣服整洁了，要是再能把书包收拾好，就太优秀了！

效果：不是批评孩子不收拾书包，而是反话正说，肯定孩子已经取得的进步，引导孩子进一步努力，会使孩子由此一步步告别邋遢。

本是否定孩子的话，可以从另一个角度来说；本是批评孩子的话，可以以另一种方式表达。反话正说，可以减轻孩子的逆反心理，让孩子看到努力的方向。

话术建议

用希望的曙光引导孩子

错误表达

你这孩子这么邋遢，我看你是改不了了！去邋遢王国当大王吧！

恶果：家长对孩子的否定会引起孩子对自己的否定，家长对孩子的失望会引起孩子对自己的失望，这样孩子哪里还有动力改正坏习惯呢？只会在邋遢的路上越走越远。

正能量的话术

前天你自己擦了地，今天又自己铺了床，我看你离文明标兵已经越来越近啦！

效果：择取孩子做得好的一件件小事，以此作为孩子能够变得优秀的依据，继而为孩子指明努力的方向，让孩子充满希望，这是对孩子的有效引导。

用批评的话语否定孩子，会让孩子降低自我要求，对自己满怀失望。而用正能量的话语引导孩子，会让孩子重新认识自我、评价自我，能让孩子看到希望的曙光。

话术建议

对待孩子要有耐心

错误表达

跟你说了几遍了，脏衣服放进脏衣篓里。可你还是乱扔！真是太没规矩了！

恶果：家长缺乏耐心的话语，会让孩子觉得自己真的“很没规矩”“很差劲”，甚至“无可救药”，让孩子无法鼓起勇气去改变。

正能量的话术

路要一步一步地走，不好的习惯也要一点一点地改正，你的进步已经很大了，离摆脱邋遢已经不远了。

效果：孩子显然还没有告别邋遢，但家长却没有急于对孩子进行批评否定，而是极富耐心地着眼于进步，鼓励孩子不断提高。

罗马不是一天建成的，孩子的不良习惯也不是一天养成的，更不是短时间内能够彻底改正的。对此家长要有耐心，要做好打持久战的心理准备，对孩子要多肯定、多鼓励，及时赞美，帮助孩子摆脱不良习惯的困扰。

总 结

典型的无效沟通特征	直接否定，严厉批评，急于给孩子定性，甚至扣上“邋遢大王”的帽子，不给孩子改正的机会，让孩子失去摆脱不良习惯的信心和动力。
正能量的父母话术特征	反话正说，从积极方面着眼。另辟蹊径，从好的方面鼓励。让孩子看到已经取得的进步和彻底摆脱不良习惯的希望，增强孩子战胜困难的勇气。

不吼叫不打骂

不急躁不粗暴

批评孩子要有技巧

第六章

批评的话术：不急不吼的正面管教

01

现在我可以说你了，刚才确实是你不对

批评孩子要分时机与场合

情景再现

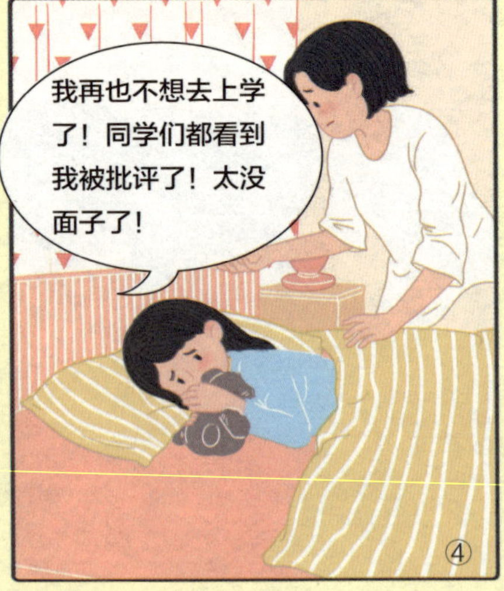

心声解读

孩子放学回家不好好写作业，却拿起大人的手机玩个不停；老师打来电话，说孩子在学校又和同学起了冲突，还动手打了起来；见到长辈不知道问好，一点礼貌都没有……孩子在成长过程中必然会犯各种各样大大小小的错误，当孩子犯错时，教育与批评是必不可少的，这也是家长在教育子女方面的职责。

但是，家长在教育和批评孩子时，一定不能随心所欲、随时随地地对孩子进行批评，而是要选择合适的时机与场合，采用恰当的说话方式，这样才能使批评教育易于为孩子所接受，进而发挥更大的教育作用。

一般而言，家长批评孩子不宜选在公众场合，最好是在家里或是在较为私密、安全的环境中，这样孩子才能静下心来聆听家长的教诲，更容易认识到自己的错误，明确改进的方法。

同时，家长在语言方面要就事论事，不能因为孩子犯了一个错误就对孩子全盘否定，更不能当众挖苦、讽刺、羞辱孩子，孩子的自尊心往往是很强的，一旦受到伤害会对孩子产生很大的负面影响。

话术建议

批评孩子可以“秋后算账”

错误表达

你还觉得没面子了？你要是不犯错，我会当众批评你吗？

恶果：这种对孩子的批评，会让孩子的自尊心受到影响，孩子的注意力都在尴尬上，而不在认识错误上。

正能量的话术

今天下午你不该当着那么多人的面和妈妈顶嘴，如果妈妈当众批评你，你一定会觉得很没面子，可你当众顶撞妈妈，妈妈也觉得很尴尬呀。

效果：虽然孩子当众顶撞妈妈应当被批评，但“秋后算账”的方式能够在保护孩子自尊心的情况下让孩子认识到自己的错误，并及时改正。

当众被斥责，会让孩子认为自己已经为自己的错误“买单”了。而“秋后算账”，会让孩子的自尊心得到保护，还会让孩子在平和的心态下更好地认识到自己的错误，以利于进一步改正。

话术建议

关起门来教育孩子

错误表达

让大家看看丢不丢脸！谁家的孩子在超市里哭闹着要东西！

恶果：在超市这样的公共场合当众训斥孩子，不仅会让孩子的情绪更加激动，还会让孩子觉得丢了面子，不利于孩子认识到自身的错误。

正能量的话术

现在只有你和妈妈两个人，妈妈对你说，抄袭同学的作业是不对的，下次咱们避免这种行为，好吗？

效果：孩子抄袭作业这件事，本身就会让孩子觉得没面子，如果大张旗鼓地公之于众，只会让孩子越来越没自尊，越来越难以教育。

孩子的自尊心是很强的，家长一定要注重对孩子自尊心的保护。当孩子犯错误时，要在私密的环境下，比如家中，以平和的态度教育引导孩子，不要将孩子的错误公之于众。

话术建议

就事论事，避免陈年往事一起提

错误表达

你这孩子就是让人操心，前年你把表弟的头给打破了，上个月老师刚因为你扰乱课堂秩序找过我，现在你又故意踩死同学的蜗牛引发同学之间的矛盾……

恶果：唠唠叨叨，啰里啰唆，陈年往事一起提，让孩子根本不知道重点在哪里，更不知道家长唠叨这些意图何在，久而久之便会对家长的批评充耳不闻。

正能量的话术

过去的事情咱们就不提了，单就今天的事情而言，我觉得你不该往同学身上淋水，你觉得呢？

效果：将对孩子的批评聚焦在一点上，并且采用平和的态度和语气，能够让孩子认识到自己的错误并加以改正。

作为家长，在批评孩子时，一定要对孩子的情绪有所关注，而不是只发泄自己愤怒的情绪。如果家长自己情绪失控，唠叨不止，旧事重提，对孩子改正错误是毫无益处的。

总 结

典型的无效沟通特征

不分场合、不分时机地批评孩子，当众斥责孩子，随意发泄自己的愤怒情绪，甚至口不择言，伤害孩子的自尊心，引发孩子的不良情绪。

正能量的父母话术特征

选择私密的场合，寻找有利的时机，用平和冷静的态度对待孩子的错误，用公正客观的语言指出孩子的错误，以利于孩子更好地认识错误，改正错误。

如果你不剩饭，妈妈会很高兴的

多鼓励，少批评，孩子更配合

02

情景再现

心声解读

很多家长在孩子犯错时，第一反应便是批评甚至惩罚，可是总是收效甚微，孩子往往并不心悦诚服，有时根本意识不到或者不愿意承认自己的错误，即使意识到了、承认了，也不愿意配合家长的教育及时改正，同时产生很强的逆反心理。这种情况下，家长不妨试试用鼓励代替催促、指责或批评。

鼓励的话语是正能量的语言，能够帮助孩子正向、积极地面对问题，这样才能够让孩子产生足够的主观能动性，会更愿意积极主动地按照父母的要求去做。同时，鼓励的话语能让孩子产生自信和愉悦感，孩子在这种情绪的驱使下也会更愿意接受父母的意见而放弃错误的做法。

如果家长一味地严厉斥责孩子、批评孩子，会让孩子认为自己不是一个好孩子，是能力不足的孩子，甚至是一个坏孩子，会让孩子对自己没有一个客观、清醒的认识和评价，进而让孩子降低自我评价，久而久之会让孩子的自尊心和自信心受到打击，表现越来越不尽如人意。

话术建议

用积极的鼓励代替消极的批评

错误表达

哎呀！看你这作业写得，像是虫子爬的一样，乱七八糟！

恶果：负面、刻薄的语言让孩子觉得父母总是盯着自己的缺点不放，甚至小题大做，会让孩子变得很叛逆。

正能量的话术

你今天数学作业都做对了，很不错，要是语文作业写得再工整一些，就更完美了。

效果：先肯定孩子做得好的地方，让孩子在心理上愿意改变自己做得不好的地方，孩子会更愿意在父母的这种暗示下做得更好。

鼓励孩子，代表着一种积极、阳光、向上的态度；批评孩子，代表着一种消极、否定、悲观的态度。鼓励孩子能够让孩子知道父母的目的不是寻找自己的缺点，而是鼓励自己变得更加优秀。

话术建议

用正面语言代替负面语言

错误表达

你刚才见人为什么不打招呼？你这孩子就是没礼貌！

恶果：通过一次行为便不分青红皂白地用质问的语气和负面的语言将孩子定性为“没礼貌”的人，很可能会让孩子从此产生社交恐惧，变得真的越来越没礼貌。

正能量的话术

这幅画画得真不错，要是色彩方面再调整一下，一定会更有意境！

效果：显然家长是想告诉孩子这幅画的色彩存在问题，需要修改，如果直接指出的话，很容易打击孩子创作的积极性。家长用这种正面的语言暗示、鼓励孩子，收效会更好。

通过对孩子不断地正面鼓励，会使孩子好的行为得到不断强化，不好的行为逐渐被弱化或改正，慢慢地，孩子就会将好的行为变成好的习惯，自然而然地将不好的行为摒弃掉。

话术建议

不要给孩子贴标签

错误表达

你这孩子就是个糊涂虫，总是丢三落四，上课连课本都能忘记带！

恶果：将“糊涂虫”的标签给孩子贴上，孩子会从此认为“糊涂虫”犯糊涂是再正常不过的事情，也无须改正了。

正能量的话术

你并不是马虎的孩子，只是这次考试有点儿粗心大意，相信你一定会吸取经验，下次考出好成绩的。

效果：不将“小马虎”的标签贴给孩子，而是告诉孩子他并不是一个马虎的人，只是犯了一次马虎的错误，并鼓励孩子吸取经验，及时改正。这样的正能量的话术会产生很好的效果。

给孩子贴上粗心、马虎、笨、调皮等标签，会让孩子产生不正确的自我定位，还会让孩子产生自卑心理。这种对孩子的限定，会让孩子很难充满自信地向着好的方向发展。

总 结

典型的无效沟通特征

对孩子进行否定和无效批评，甚至为孩子贴上不符合实际的标签；用负能量的语言打压孩子的自信心，让孩子降低自我认知，失去进取动力。

正能量的父母话术特征

用正能量的语言激励孩子，面对孩子的错误，用暗示、建议、鼓励等方式代替简单粗暴的批评，引导孩子充满信心地做更好的自己。

过去的事情我们就不再提了

批评孩子时不翻旧账

情景再现

心声解读

看见孩子“屡教不改”，总是犯相同的错误，在哪里跌倒，又继续在哪里再次跌倒，家长们往往会着急上火，焦虑不已，继而“新账旧账一起算”，口无遮拦地将孩子之前做的错事一一道来，不停地翻旧账，似乎要把孩子从小到大犯的所有错误都数落一遍。这样的做法显然是非常不妥当也不明智的。

批评是教育孩子必不可少的方式和手段，但批评要讲究策略，批评的目的在于让孩子认识到错误并引导孩子及时改正，而非打击孩子的自尊心和自信心。当家长反复翻旧账时，孩子因为犯错而悔过的心思会逐渐变弱，继而烟消云散。孩子发现父母在“记录”自己的错误，还一股脑地搬出来，这会让孩子认为自己在父母心目中本就不是好孩子，那么再犯一些错误也就无妨了。孩子一旦接受了父母给贴上的“不听话”的标签，自我认知便会出现偏差或下降，对生活和学习便会失去兴趣，缺乏积极性和主动性。

因此，家长在批评孩子时，一定要做到就事论事，而不要就事论人，要冷静理智地分析问题所在，避免情绪失控。要有针对性地进行批评教育，这样才能促使孩子不断进步。

话术建议

批评孩子要避免情绪化

错误表达

这样的错误你犯了多少次了？我怎么会有你这样的孩子？真是糟糕透顶！

恶果：将孩子所有的错误集中在一起进行批评，在坏情绪的控制下对孩子进行全盘否定，深深打击了孩子的自尊心。

正能量的话术

我们不再旧事重提，先看看这次的错误怎么弥补，只要下次不再犯就好。

效果：家长以冷静的态度理智地面对孩子的错误，将重点和注意力放在改正错误、避免再次犯错上，这会让孩子觉得受到了公正的对待，也不会挫伤孩子的自尊心。

有些家长在批评孩子时，会被情绪控制，口不择言，将愤怒和不满的情绪一股脑地发泄在孩子身上，这样会深深伤害孩子的自尊心，对孩子的身心健康非常不利。

话术建议

批评要有针对性

错误表达

上次我刚说过你，可是你长记性了吗？简直是屡教不改。

恶果：翻旧账且毫无针对性的笼统批评，会让孩子不能将注意力集中在错误本身，改正起来也存在困难。

正能量的话术

下次自己提前检查好书包，就不会把课本落在家里了。

效果：批评得很具体，很有针对性，并且将重点放在如何“改正”上，而没有放在批评指责或回顾以往犯错的经历上，对孩子形成了有效引导。

家长批评孩子的目的是让孩子改正错误，因此要就事论事地指出具体错误，千万不要把与这次错误毫无关系的一系列错误联系在一起。只有关注孩子当下，才有利于着手帮助孩子改正错误。

话术建议

避免形成恶性循环

错误表达

说了一次又一次，你就是充耳不闻，现在越来越不把大人说的话当回事儿了！

恶果：这样的话语会让孩子倍感压力，还会让孩子一头雾水，孩子的负面情绪不断堆积，容易让孩子产生自暴自弃的心理。

正能量的话术

妈妈知道你是自觉的孩子，这一定是你最后一次乱丢袜子，以后一定不会了，对吗？

效果：本是想批评孩子多次乱丢袜子的行为，却没有唠唠叨叨地总结孩子的“罪行”，而是采取鼓励的方式，让孩子更有动力改正缺点。

翻旧账和唠叨对孩子而言只是一种惩罚，并不利于孩子改正错误，还容易造成一种恶性循环，即家长越翻旧账，孩子越叛逆，对亲子间的关系也会产生不良影响。

总 结

典型的无效沟通特征：

翻旧账，情绪化地批评孩子，以发泄愤怒代替有效管教，让孩子逐渐产生逆反心理，导致孩子拒绝配合家长的管束。

正能量的父母话术特征

以平稳的情绪冷静客观地对待孩子所犯的错误，就事论事，既不夸大，也不牵连。不做过多的延伸和联想，对孩子进行有针对性的批评，将重点放在引导孩子改正错误上。

写完作业再玩儿，会玩得更痛快

04 提一个非常有吸引力的建议

情景再现

心声解读

在家长教育孩子的过程中，很多孩子总是喜欢和家长唱反调，家长让他往东，他却偏要往西，这时很多家长便失去了耐心，开始对孩子进行强行管束，也就是所谓的“强迫式”教育，殊不知，这种强行管束对孩子的伤害很大，因为这是一种被动型的教育，非常不利于孩子身心的健康成长。

强行管束会让孩子更容易叛逆。因为孩子有其自身成长和发展的轨迹，家长的强行管束会让孩子从自己的轨迹中偏离出来，按照大人的意愿对自己的行为进行调整和修正，久而久之，长期违背孩子的天性，会激起孩子的逆反心理。特别是对于处于青春期的孩子，这种逆反心理会更加严重，还会使亲子关系变得愈加紧张。

那么如何对孩子进行有效的管教呢？最典型的就是用有吸引力的提议来代替强行管束。当家长想让孩子做一件事时，可以先用吸引孩子的语言和让孩子感兴趣的事情去引导孩子，让孩子变被动去做为主动想做，激发孩子的内驱力，让孩子以更轻松、更愉悦的心情去完成家长的要求，这样的效果要比孩子在父母的强制下去做一件事情好得多。

话术建议

建议孩子而不是强迫孩子

错误表达

让你赶紧上床睡觉你就赶紧去，要不明天上学又要迟到了！

恶果：以命令的口吻强迫孩子，即使是孩子不太抗拒的事情，孩子的态度也会转为抗拒。

正能量的话术

咱们明天早晨一起开始晨跑怎么样？看看我们谁能坚持得更好！

效果：以建议的方式引发孩子锻炼身体的兴趣，而非强迫孩子明天早晨开始晨跑，孩子会更容易接受。

家长的态度和口吻有时往往比事情本身更加重要，有时孩子的逆反心理和抗拒态度并非由事情本身引发，而可能是由于家长强硬的态度和强迫的口吻所引发，因此建议要比强迫效果好得多。

话术建议

建议的内容要让孩子感兴趣

错误表达

你现在赶紧去练琴，不要在这里看电视。

恶果：这样的强迫，孩子一般不会乐于接受，练琴的吸引力在孩子心中小于看电视，因为练琴会“耽误”孩子看电视，还会让孩子从此讨厌练琴。

正能量的话术

今天你要是能写完作业练完琴，明天咱们就去水上乐园，怎么样？

效果：去水上乐园这个提议是孩子感兴趣的，这会激发孩子在愉悦的心情下高效率地完成任务。

孩子感兴趣的事情其实很多，有些也并不复杂，家长在要求孩子做一些他们可能不太愿意马上去做的事情时，不妨给孩子一些“甜头”，激励孩子更愉快、更高效地去完成当前必须完成的任务。

话术建议

尊重孩子的选择

错误表达

让你去背单词你就赶紧去，不要那么多废话。

恶果：对孩子丝毫不尊重，强行管束孩子，粗暴地要求孩子必须按照自己的想法和安排去做，孩子对此会非常抗拒。

正能量的话术

几点练习古筝你可以自己决定，但要是早点练完的话我们可以一起去游泳。

效果：在一定程度上让孩子自己进行选择，即在必须练琴的前提下具体时间让孩子自己安排，同时对孩子进行激励，这样既尊重了孩子，又激发了孩子的动力。

强行管束是从外在对孩子施压，强迫孩子按照家长的要求去做，而对孩子的尊重是让孩子从内部产生自己主动去做的动力，孩子会做得更好。

总 结

典型的无效沟通特征	言辞强硬，强行管束，不尊重孩子的想法，强迫孩子完全按照家长的意愿和要求去做，一旦孩子配合度不高，便对孩子严厉训斥，甚至贬低、侮辱孩子。
正能量的父母话术特征	以尊重孩子为前提，与孩子进行平等有效的沟通，用有趣的建议激发孩子的兴趣，以此激励孩子自觉自愿地高效完成任务。

成绩会下降，也会上升

急于批评不如解决问题

情景再现

心声解读

正所谓“人非圣贤孰能无过”，任何人都会犯错，更何况是孩子呢？孩子还处在成长的过程中，其认知能力、认知水平和自身能力都很有限，犯错误是再正常不过的事情。

孩子犯了错误，家长往往都会有自己的应对方式，有的家长性格急躁，脾气火爆，但凡孩子一犯错，便急于批评指责，对孩子大吼大叫，口无遮拦，甚至还会由于情绪激动而出现一些贬低、侮辱的话语。比如说“你真是笨死了！”“有你这样的孩子真是倒霉！”之类的话。这样的话语不仅对孩子改正错误于事无补，还会起到相反的作用，因为这样的批评和指责是一种语言暴力，对孩子的心灵会产生很大伤害。

家长正确的应对策略是把注意力集中在帮助孩子解决问题上，而不是在愤怒情绪的控制下只顾批评孩子。家长不妨先深入分析一下问题产生的原因，也可以询问孩子，但这种询问应该是平等的、温和的，目的是了解清楚孩子为什么会犯错，这样才能帮助孩子解决问题。同时，父母要及时关注到孩子的情绪，看孩子是否存在一些心理上解不开的“疙瘩”，比如是否有委屈、伤心、自卑等心理，家长还要有一定的共情能力，让孩子觉得家长是在与自己一起解决问题，而不是站在自己的对立面。

话术建议

问清楚孩子犯错误的原因

错误表达

犯错就要承担后果！你不要再和我找理由，找借口了！

恶果：不分青红皂白，不听孩子的解释和申辩，这种粗暴批评孩子的方式会让孩子与家长的关系越来越紧张，孩子的心会离家长越来越远。

正能量的话术

成绩会下降，也会上升啊！只要我们找到成绩下降的原因并及时改正，成绩就一定会上升的。

效果：用积极的心态面对问题，寻找问题产生的原因和解决问题的办法，增强孩子改正错误的动力。

孩子犯了错误，批评和打骂有时并不能让孩子改正错误，只有和孩子建立有效沟通，才能真正了解事情的前因后果和问题所在，这样才能真正帮助孩子解决问题，最终达到教育好孩子的目的。

话术建议

帮孩子找到解决问题的办法

错误表达

你这孩子真是糟糕透了，我再也不想管你了！

恶果：哪里糟糕？为什么糟糕？只是对孩子进行了批评和贬低，进而表明了放弃的态度，这样负能量的语言很可能会让孩子破罐子破摔。

正能量的话术

这次和潇潇发生冲突，是不是因为你太冲动了呢？你要是能够主动向潇潇道歉，我想潇潇会愿意继续和你做好朋友的。

效果：孩子在人际交往方面遇到了问题，家长在指出孩子过错的同时，向孩子提出了解决问题的方法，便于指导孩子及时改正错误。

孩子有时犯错是因为调皮，有时犯错是因为认知有限，有时犯错是因为能力不足，家长首先要找到孩子犯错的真正原因，然后对孩子进行积极有效的指导，进而帮助孩子找到解决问题的方法。

话术建议

关注孩子的内心感受

错误表达

闯了这么大的祸，哭有什么用！不要哭了！

恶果：没有与孩子产生共情，对孩子的内心感受缺乏关注，会让孩子的负面情绪堆积在心里，使原有的问题没有解决，新的心理问题又产生了。

正能量的话术

妈妈知道你自己现在心里也很自责，知道你不是故意把妹妹绊倒的，只要下次注意一点儿就可以了。

效果：孩子有时犯错误并不是故意的，只是由于对后果缺乏判断。当错误发生时，孩子内心也很自责甚至恐惧，这时家长要及时给予孩子理解和安慰。

孩子在犯错时，内心感受往往是复杂的，自己可能也会有后悔、恐惧、委屈等情绪，家长在解决问题的同时也要注意关注孩子内心感受，对孩子进行心理方面的关心和疏导。

总 结

典型的无效沟通特征

不问缘由，不给孩子解释的机会，粗暴批评，严厉惩罚，不顾及孩子真实的内心感受，不能有效引导和帮助孩子解决问题。

正能量的父母话术特征

询问孩子事情发生的原因，给孩子解释的机会，将关注点放在帮助孩子寻找出现问题的原因和解决问题的办法上，对孩子的心理和情绪给予关注和理解。